艺术巨匠赵孟頫

李舒 编著

故宫出版社

目录

而獨忽悟世法之不

諫知来者之可追

實迷途其未遠覽

今是而昨非舟遙

生平简介

　　赵孟頫（1254～1322），字子昂，号松雪、松雪道人，又号水精宫道人、鸥波，中年曾作孟俯，汉族，湖州（今浙江吴兴）人。赵孟頫一直是中国书画史上一个绕不开的名字。篆、隶、楷、行、草诸体兼善，法宗晋唐而自成一家，绘画上亦是人马、花鸟、山水无所不精。同时作为南宋宗室而入仕元朝，其经历又一直为后人津津乐道。

　　赵孟頫是宗室，而且是宋太祖赵匡胤的后代。关于赵孟頫的身世，《元史》是这样记载的（卷一百七十二）："赵孟頫字子昂，宋太祖子秦王德芳之后也。五世祖秀安僖王子偁，四世祖崇宪靖王伯圭。高宗无子，立子偁之子，是为孝宗，伯圭，其兄也，赐第于湖州，故孟頫为湖州人。曾祖师垂，祖希永，父与訔，仕宋，皆至大官；入国学，以孟頫贵，累赠师垂集贤侍读学士，希永太常礼仪院使，并封吴兴郡公，与訔集贤大学士，封魏国公。"

　　赵孟頫五岁时便诵诗习字，他的第一位老师是他的母亲丘氏夫人——这位偏房夫人知书达理，有着一般夫人所没有的见识和学问。宋代的宗室似乎都有艺术天赋，据清人彭蕴璨的《历代画史汇传》记载，宋代宗室中，善于绘画而知名者，有三十六人之多。其中赵孟坚有文名，工诗善画。宋徽宗和高宗都是书法的佼佼者。赵孟頫也不例外。赵孟頫早年向当地名儒敖继学习经史，向钱选学习画法，书法则学高宗。中年以后广交社会名士。《元史》卷一百七十二载："孟頫幼聪敏，读书过目辄成诵，为文操笔立就。"戴表元在《松雪斋文集序》中说："子昂未弱时，出语已惊其里中儒先，稍长大，而四方万里，重购以求其文。"

　　虽为贵胄，赵孟頫却生不逢时。蒙古铁骑烧杀抢掠，南宋朝廷一叶飘摇，赵孟頫的家族在皇族中的位置则越来越偏远。赵孟頫出生时，其父赵与訔正在南京做官。1264 年，赵与訔擢升为户部侍郎，兼知临安府、浙西安抚史，这一职位颇为重要。然而，到 1265 年三月，一场重病夺去了赵与訔的生命。

　　这是赵孟頫的一生哀痛，这一年，他还不满十二岁。

　　丧父之痛似乎也影响到了赵孟頫的性格培养，许多学者认为，赵孟頫的性格中"最缺少的是本应来自父辈的阳刚之气,取而代之的是处世隐晦柔顺"。[1] 这当然是后人的臆测,宋朝宗室中的阳刚之气,其实本就不足。

景炎元年(1276年),元军攻占临安,渡钱塘江下浙东,追剿残余。赵孟頫为了躲避战乱,不得不东奔至天台山,幸有当地乡绅杨叔和接济。明代人吴宽曾经见过一帖赵孟頫的手书亲笔,读后感慨万千:"予读之,窃叹宋之屡迫于敌,宗室四散,苍黄奔走,如杜子美《哀王孙》之云。犹幸有叔和者,而隆准之属得以容身焉,不然,其不至于泣路歧而窜荆棘也乎!"[2]

然而,国破家亡,逃避深山,亦不可得。由于他的出身和学识才华,朝廷对他也有所闻。至元二十三年(1286年),忽必烈命程文海(字钜夫)再次到江南"搜访遗逸",据《元史》卷一百七十二载:"行台侍御史程钜夫,奉诏搜访遗逸于江南,得孟頫,以之入见。孟頫才气英迈,神采焕发,如神仙中人,世祖顾之喜,使坐右丞叶李上。或言孟頫宋宗室子,不宜使近左右,帝不听。"

进京后不久,赵孟頫深感到政治环境的险恶,有独居虎穴之感,遂"力请补外"离开朝廷。至元二十九年(1292年),他被任命为济南路总管府事。赵孟頫在济南任总管府事期间,"时总管阙","独署府事,官事清简"。根据记载,他平冤狱,办学校,甚有政绩,以至"郡中称为神明"。

大德三年(1299年),元政府任命赵孟頫为集贤直学士行江浙等处儒学提举。这段时期他广交文人学士,遍游江浙各地,多阅书画收藏,在艺术创作上也是最旺盛的时期。

赵孟頫的仕元,最受宠遇的还是元仁宗(爱育黎拔力八达)执政时期(1311～1320)。元仁宗对赵孟頫恩泽有加,把赵孟頫比作唐之李太白、宋之东坡,称他"操履纯正,博学多闻,书画绝伦,旁通佛、老之旨,皆人所不及",并屡赐钱钞及贵重皮裘等物。有的蒙古大臣不理解仁宗这种意在缓和民族矛盾的谋略,认为"国史所载,不宜使孟頫与闻",而受到仁宗的严厉训斥。

英宗至治二年(1322年)六月十六日,这位元代大书画家据说白天还吟诗作

---

[1] 余辉《赵孟頫仕元心态及个性心理》,《赵孟頫研究论文集》,上海书画出版社,1995年版。
[2] 明·吴宽《跋赵文敏公手帖》,《匏翁家藏集》,卷五十二,四部丛刊本。

赵孟頫《自画像》册页　故宫博物院藏

画，傍晚便逝世在家中，享年六十九岁。元至顺三年(1332年)，元政府追赠他为荣禄大夫、江浙等处行中书省平章政事，追封"魏国公"，谥号"文敏"。其子雍、奕，并以书画知名。

考证参考史料简述

赵孟頫这一生，可以说充满疑团。关于赵孟頫的史料记载，自元以降，内容详尽，但真伪相参。要对赵孟頫的生平进行研究，首先需要去粗取精、去伪存真。故此，先将本文所参考的有关史料简述如下：

1.《松雪斋文集》

《松雪斋文集》是研究赵孟頫的重要文集，赵孟頫的诗文汇集于此。在文集前戴表元所作的序文可知，大德二年(1298年)之前，赵孟頫已经辑成，然而直到赵辞世，也没有能够刊行。至元五年(1339年)，赵孟頫的儿子赵雍重新编类，由沈伯玉校正并增以《外集》刊行，即后世所通称的"元沈氏刊本"，《四部丛刊》曾以此为底本影印。到了明代，此集曾被多次翻刻。

在沈氏刊本《松雪斋文集》卷后，有一篇文章值得我们研究。这篇文章便是杨载的《大元故翰林学士承旨荣禄大夫知制诰兼修国史赵公行状》(以下简称《行状》)。赵孟頫去世之后，杨载受朝廷的命令，为赵孟頫写了一份《行状》，算是对赵孟頫的盖棺定论。这篇文章详细记录了赵孟頫的一生，身世、家庭、仕途、艺术各个方面俱全。杨载是赵孟頫的好友，两人交往甚密，他的记述是可信的。所以，《行状》也成为元代之后研究赵孟頫生平的主要依据。

2. 元人文集及笔记

赵孟頫喜欢交朋友，常常诗文酬和，这些赵氏友人的诗词唱和，为我们留下了侧面研究赵孟頫的珍贵资料。如程钜夫《雪楼集》、方回《桐江集》、戴表元《剡源文集》、邓文原《巴西文集》，等等。

另外，还有一些元人笔记中对于赵孟頫的记载，这些记载的问题时真实度待考，包括周密《云烟过眼录》、虞集《道园学古录》、陶宗仪《辍耕录》等。

3. 书画史料

赵孟頫书画作品是另一个非常重要的赵孟頫研究资料。从书画内容到样式，从题语落款到创作时间，都是我们研究赵孟頫生平记录的重要资料。

宋宗室仕元，非议不断

作为元代书画之翘楚，赵孟頫在中国艺术史中无疑占有重要一席。然而同时，这位大师级别的人物却以宋朝宗室身份而仕于元，遭来后世的蜚短流长。和赵孟頫同时的人，在他刚刚仕元之时，便曾表现出不满，如钱选与他断交、戴表元写诗劝阻等，但随着时间推移，江南士人对新朝逐渐认可，一些原本想隐逸终生的文人也开始走进仕途，他们对赵孟頫仕元的态度也有所改变。明初，文人们也没有谴责赵孟頫，反而对他的书法大加赞扬，取为师法。赵孟頫对有明一代的书法产生了巨大的影响。直到明代中叶至清，才有人从传统的伦理道德出发，认为赵孟頫背叛祖宗，出仕敌国，其人格低下。由于中国历来有将"人品"与"画格"并论的传统，子昂之"失节"，甚至还影响到了对其书画艺术的评价。如明项穆便在《书法雅言》中谈道："赵孟頫之书，温润闲雅，似接右军正脉之传，妍媚纤柔，殊乏大节不夺之气。所以天水之裔，甘心仇敌之禄也。""子昂之学，上拟陆、颜，骨气乃弱，酷似其人。"[1]

近现代学者在赵孟頫仕元问题上依然争论不休，书画史研究上表现得尤为突出，在"人品即书（画）品"传统批评模式的影响下，研究者们因所持立场的不同而得出截然相反的结论。大致可分为以下几派：

1. 否定派

以李亚农、韩玉涛先生为代表，完全继承了明清人的论调。在绘画方面，李亚农先生认为赵孟頫失节仕元，是"企图附狗尾而取官爵者流"，人品"恶劣"，

---

[1] 明·项穆《书法雅言》，载《历代书法论文选》，上海书画出版社，1979年版。

赵孟頫《秀石疏林图》卷　故宫博物院藏

因此他的绘画也"是不及格的没有士气的画","他理应属于舜举的不肖门徒之一","说这样的人会画出杰出的文人画来，谁其信之"，因此"没有理由说他是元、明、清以来的文人画的开山祖师"，但其影响是坏的。[1] 在书法方面，韩玉涛先生认为"《元史》说（赵孟頫）'篆籀分隶真行草书无不冠古今'这种评价，简直是无知识"，因"他特殊的身世和遭遇，使他终生有俗气，不知韵为何字"，故此"他的字却'有姿无骨'，柔弱得很，经不起推敲，在中国书法史上，赵子昂根本不能列入大书家之列"，"可以说，赵子昂一直是书家革命的对象"。[2]

这种"因人废艺"的极端观点在今天已经无法得到更多学者的认同。在多元化的今日，否定派观点已经式微。

2. 肯定派

以刘龙庭先生为代表，认为"由于人们对他的仕元问题看法不一致，出现了一些混乱和矛盾的现象，这就影响了对他的艺术的正确评价"。在肯定赵孟頫的艺术成就的同时，认为"赵孟頫仕元之后并没有什么杀人放火的罪行，也没有什么贪赃枉法的劣迹"，不过是"一个擅长诗、书、画的御用文人而已"，"他出仕元朝，已是元朝政权日趋巩固稳定之时，南宋遗臣的反抗已经基本停止了。他要在社会有所作为，必须依附于新的政权，否则，要实现自己的抱负是很难设想的"[3]，对赵孟頫的仕元作了肯定。

3. 宽容派

以李铸晋先生为代表，通过对赵孟頫矛盾心理的分析，对其仕元表现出宽容的态度，从而加强肯定赵孟頫艺术成就的力度。李先生认为"赵孟頫之仕元并非出于自愿"，"在他任职期间也并非顺利愉快，而是含痛苦的"，"赵虽做官，而一直都对许多宋朝遗老，以及古代逸民十分尊敬"，赵孟頫应召仕元，"应是正确

---

[1] 李亚农《论钱舜举在中国美术史上的地位》，载《中华文史论丛》第二辑，中华书局，1962 年版。

[2] 韩玉涛《中国书学》，人民出版社，1991 年版。

[3] 刘龙庭《赵孟頫及其艺术》，《赵孟頫研究论文集》，上海书画出版社，1995 年版。

的选择"。[1] 徐复观、王连起等亦执此论。

4. 矛盾派

以冼玉清先生为代表，一方面因赵孟頫仕元而加以否定，认为"孟頫以宋故王孙仕元，节行原不足道"，另一方面对其艺术成就则是有保留的肯定，"论者因不满其人品，遂谓其笔墨有肉无骨，媚弱卑卑不足道。平心论之，孟頫书法近俗近熟，未足诣于高古。然秀润婉美，固自可爱。至其学书功力至深，非徒以天分见胜者"[2]。因受赵失节仕元之局限，无法否定赵孟頫仕元"人品"与"书（画）品"不统一的现实，不敢理直气壮地肯定赵孟頫的艺术成就，含混其词，这与其洋洋数万言论及赵氏书画艺术的写作动机是矛盾的，难以自圆其说。

"仕元"问题确实成为赵孟頫一生所背负的最大包袱。

恐怕连子昂自身，亦难以释怀。他的《罪出》一诗已经写得非常清楚了：

> 在山为远志，出山为小草。古语已云然，见事苦不早。
> 平生独往愿，丘壑寄怀抱。图书时自娱，野性其自保。[3]

《寄鲜于伯机》诗写得更直白：

> 误落尘网中，四度京华春。
> 泽雉叹畜樊，白鸥谁能训。[4]

如果不是一直处在矛盾和痛苦之中，对出仕元朝有后悔之意，怎能有"一生事事总堪惭"之语。

---

[1] 李铸晋《赵孟頫仕元的几种问题》，载《冯平山图书馆金禧纪念论文集》，香港大学冯平山图书馆，1982 年版。
[2] 冼玉清《元赵松雪之书画》，载《赵孟頫研究论文集》，上海书画出版社，1995 年版。
[3] 《松雪斋文集》卷二《罪出》，《四部丛刊初编》卷，《集部》，上海书店印行，1989 年版。
[4] 《松雪斋文集》卷二《寄鲜于伯机》，《四部丛刊初编》卷，《集部》，上海书店印行，1989 年版。

赵孟頫《秋郊饮马图》卷　故宫博物院藏

但不可否认的是，赵孟頫的书画艺术成就确实杰出，书法上篆、隶、楷、行、草诸体兼善，法宗晋唐而自成一家，雅逸秀丽，一变两宋以来"书札体"独领风骚的局面，有"松雪体"之称；绘画上亦是人马、花鸟、山水无所不精，气韵生动，力扫南宋画院刻意写实、拘谨沉闷之风。这些突出的成就，不仅在当时"以书法称雄一世，画入神品"[1]，明清时人对其亦多是推崇，取为师法，即使在今天，也得到了广泛的认可。

不管如何，有一点不可否认，赵孟頫作为书画家的成就，是在他仕元之后才得到的，而且与元帝恩宠不无关系。

赵孟頫的一生，是复杂而矛盾的一生。赵孟頫为什么仕元？他的动机是什么？为什么在仕元之后，他又反复动摇，屡屡想要隐退？

有一点是可以肯定的，直到至元二十三年(1286年)前，赵孟頫曾经多次拒绝了各种元朝朝廷的邀请。余辉先生在《赵孟頫的仕元心态及个性心理》一文中，列举了自宋亡后赵孟頫在江南遇到的六次征召的机会，但其中有明确史料记载的只有两次，一是夹谷之奇的推荐，一是程钜夫南下征召，其余几次只是推测而已。[2] 由于赵孟頫的才华出众，"声闻涌溢，达于朝廷"[3]，至元十九年(1282年)，江南浙西道提刑按察司事夹谷之奇举荐赵孟頫为翰林国史院编修官，但赵孟頫拒绝了。对于这次拒绝，余辉先生认为，赵孟頫拒绝的主要原因是举荐者的官阶只有五品，被举荐的官职才七品。在拒绝夹谷之奇的举荐时，所作《赠别夹谷公》诗中表达了此时的心情：

> 青青蕙兰花，含英在中林。春风不披拂，胡能见幽心。
>
> 相去千余里，会合大江南。促席谈古今，知我一何深。
>
> 此别虽非远，怀思渺难任。公其爱体素，尚无金玉音。[4]

---

[1]　元·陶宗仪《南村辍耕录》卷七《赵魏公书画》，中华书局，1959年版，81页。

[2]　余辉《赵孟頫仕元心态及个性心理》，《赵孟頫研究论文集》，上海书画出版社，1995年版。

[3]　元·杨载《行状》，《松雪斋文集》附录，四部丛刊本。

[4]　《松雪斋文集》卷二，四部丛刊本。

这首诗写得委婉而含蓄，在诗中，赵孟頫自比为林中的惠兰花，而举荐他的夹谷之奇则是能见"幽心"的春风，委婉表达了自己想要隐于山林之中而拒绝出仕，同时也对朋友的相知之情表示感激。

其真正的心态是什么，诗中并未言明。考察当时的具体情况，我们就会发现，也许并非是因为推荐的官阶高低这么简单。至元十六年（1279 年），陆秀夫负着末代皇帝赵昺投海而死，宋亡而元立。改朝换代是历史上的常见现象，然而对于南宋遗民来说，"这次的改朝换代却与以往不同，沦亡的不单单是赵家皇朝，而且是民族国家，何况蒙元在攻宋过程中和灭宋后对江南人民的杀掠与民族压迫、民族歧视都相当严重"[1]。

此时，江南士人的心态是极其复杂的。距离宋亡甫三年，士人们还无法摆脱家破国亡的悲伤，情感上也无法认同有"刻骨仇"的异族统治。同时尽管南宋士风萎靡，但名节观念在士人中还是有相当影响的，即使没有像文天祥等抗元志士那样"人生自古谁无死，留取丹心照汗青"，也要表白自己"国亡身未殡，戮死竟何如"的心志，而对于那些主动降元如留梦炎、方回等人则是"郡人无不唾之[2]"地鄙弃。

我们可以以夹谷之奇推荐的另一个人作为参照——何梦桂。何梦桂在宋时曾任太常博士、监察御使，宋亡后隐居家中。在结识夹谷之奇之后，夹谷之奇曾邀他出仕，他谢绝了，在《上夹谷书隐先生六首》中说："堪舆渺无极，俯仰慨古初。皇风战涿鹿，草野伤血涂。勋华袭文明，不肯私均朱。誓命缵王业，侵伐纷霸图。春秋二百祀，已矣吾道孤。天不生夫子，民极谁其扶。""平生学屠龙，终乃成履豨。国亡身未殡，戮死竟何如。""骥老不适用，狐首复何几。"[3]

同样的案例，还可以参见张宏生先生在《感情的多元选择》[4]一书中的论述，在宋元交替之际，江南文人们虽然身份各有不同，但对于这一次改朝换代，他们

---

[1] 陈得芝《论宋元之际江南士人的思想和政治动向》，载陈得芝《蒙元史研究丛稿》，人民出版社，2005 年版。

[2] 宋·周密《癸辛杂识》别集卷上《方回》，文渊阁四库全书本。

[3] 宋·何梦桂《潜斋集》卷一，文渊阁四库全书本。

[4] 张宏生《感情的多元选择》，现代出版社，1990 年版。

赵孟頫《水村图》卷（局部） 故宫博物院藏

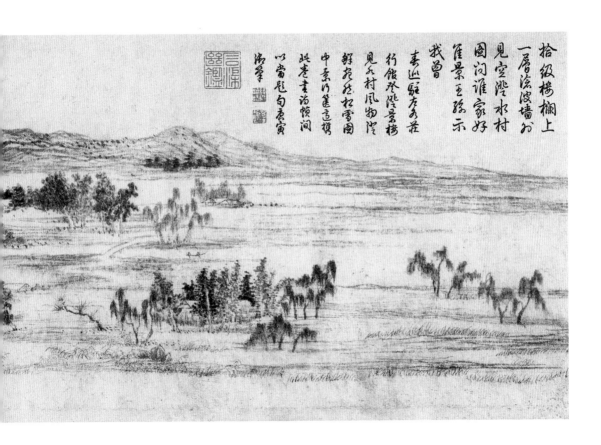

的心中满是悲愤和控诉，有的沉沦，有的反省，有的悲痛，有的逃避，这些心态，我们都不可不察，因为我们有理由相信，赵孟頫正是他们其中的一员。

当然，在这一时期，当权者对于江南士人的态度也值得注意。虽然有夹谷之奇这样的有识之士，元初当权者对于江南士人的整体态度是歧视与排斥的。就在夹谷之奇举荐赵孟頫的这一年，在大都程钜夫还上疏忽必烈称北人"视江南为孤远，而有不屑就之意"，而"南方之贤者"因"列姓名于新附"而有"不识体例之讥"[1]，得不到任用。何梦桂就曾有过受县尹捆绑凌辱的亲身体验，这对于在宋时享有优越社会地位的江南士人来说是很难接受的，而身为皇室的赵孟頫更是如此。

既然打算做一株林中蕙兰，为什么又要应程钜夫的征召呢？

至元二十三年（1286 年），行台侍御史程钜夫奉忽必烈之命，南下搜访遗逸。在这次被征召的二十几人当中，赵孟頫居首选。事隔四年，赵孟頫作出了截然相反的抉择，由隐而仕，问题也就接踵而至，他为什么仕元？他的动机是什么？对于这个问题的回答，后世学者争论不断，但总而言之，不外乎三种：

一种认为是被迫的。

一种认为是主动的。

一种认为是在犹豫之中半推半就的。

最早涉及这个问题的是徐复观先生，他在《赵松雪画史地位的重估》一文中说："……正因为他有王孙的身份，于是他的抉择便不是富贵、贫贱的问题，而几乎是死与生的问题。"[2]

其后李铸晋在《赵孟頫仕元的几种问题》一文中，以《宋史翼·赵若恢传》为据，认为赵孟頫"并不愿出仕，而特意趋避，终为程所寻获，才勉强应召而到大都"[3]。王连起则根据赵孟頫"捉来官府竟何补，还望故乡心惘然"之诗句及

---

[1]　元·程钜夫《雪楼集》卷十《通南北之选》，文渊阁四库全书本。

[2]　见徐复观《中国艺术精神》，华东师范大学出版社，2001 年版。

[3]　李铸晋《赵孟頫仕元的几种问题》，载《冯平山图书馆金禧纪念论文集》，香港大学冯平山图书馆，1982 年版。

《宋史翼》也认为"这个举荐是强迫性的"[1]。有一些文章亦支持此观点，并以当时的名士谢枋得为证，认为赵孟頫在此之前曾屡次拒绝元廷征召，这次若再拒绝，将大祸临头。

另一种则认为是自愿的。戴宪生《赵孟頫仕元略议》一文从当时的历史背景及文人心态出发，认为"儒家传统的政治定向与家族的期待，形成了赵孟頫积极用世的态度，元朝统治者实行汉化使他萌发有所作为的希望，统治者对他的礼遇使他产生知遇之感和实现儒家理想政治的幻想"[2]。么书仪将这一观点更加明确化："他的出仕，并非被迫。……他的出仕是出于自愿。"[3]并根据赵孟頫自己的诗词，详细分析了赵主动仕元的原因。

其后陈高华《赵孟頫的仕途生涯》、余辉《赵孟頫的仕元心态及个性心理》二篇文章[4]在对史料的详细分析与考证基础上，使此观点更加清晰明朗化。

尽管作为赵孟頫的拥趸，我们渴望找到赵孟頫受迫出仕的直接证据。比如，有论者认为，赵孟頫如果不出仕，就会如同谢枋得一样，因为拒绝出山而被困大都，最终绝食而亡，一家大小或战死或自尽，史称"阖门死节"。但遗憾的是，最终，我们还是不得不承认，子昂的仕元多半是主动自愿的，因为元朝屡次征召遗民入仕，都较为宽容。连谢枋得都表示，程钜夫"弓旌招贤，轮帛迎士，此礼不见于天下久矣"。

那么，赵孟頫出仕的动机，究竟有哪些呢？

第一当然是现实所迫。宋亡之后，赵孟頫陷入到了极度贫困之中。虽然我们难以接受身为宋朝宗室的子昂"为五斗米折腰"，但这确实是事实。赵孟頫要承担整个家族的奉养重任，实属不易。即使是出仕之后，贫困始终没有远离这个家族，赵孟頫时常需要靠卖字画维持生计，一如他所写的《罪出》中"向非亲友赠，蔬食常不饱"。出仕之后，赵孟頫的俸禄不高，从五品的官职，月俸为七十两，

---

[1]　王连起《赵孟頫及其书法艺术简论》，《故宫博物院院刊》1994 年第 2 期。
[2]　戴宪生《赵孟頫仕元略议》，载《四川大学学报》(哲社版)1989 年第 2 期。
[3]　详见么书仪《元代文人心态》，文化艺术出版社，1993 年版。
[4]　二文均见于《赵孟頫研究文集》，上海书画出版社，1995 年版。

赵孟頫《江村渔乐图》册页 （美国）克利夫兰艺术博物馆藏

所以，赵孟頫到京城后，迟迟无法接妻小到京城团聚。在这种情况下，赵孟頫本人对于金钱的计较，也许远在我们的想象之外。元人孔齐曾经在《至正直记》里记载了这样一件事：

> （松雪）亦爱钱，写字必得钱然后乐为之书。一日有二白莲道者造门求字。门子报曰："两居士在门前求见相公。"松雪怒曰："甚么居士？香山居士，东坡居士邪？个样吃素食的风头巾，甚么也称居士？"管夫人闻之，自内而出曰："相公不要凭地焦躁，有钱买得物事吃。"松雪犹愀然不乐。少顷，二道者入，谒罢，袖携出钞十锭曰："送相公作润笔之资，有庵记，是年教授所作，求相公书。"松雪大呼曰："将茶来与居士吃。"即欢笑逾时而去。[1]

孔齐的父亲孔文升早年曾跟从戴表元游学，并与赵孟頫相识。赵孟頫曾应孔文升的请求为孔家作家谱，并在《松雪斋集》卷六《阙里谱系序》一文中记述了孔齐祖父由阙里迁居平阳一事。孔齐对于赵孟頫的评价一直是非常正面的，他没有理由编造段子来编排赵孟頫，并且在这个段子之后，他也做出了解释："盖松雪公入国朝后，田产颇费，家事甚贫，所以往往有人馈送钱米看核，必作字答之，人以是多得书，然亦未尝以他事求钱耳。"

第二，赵孟頫受儒家思想影响，认为出仕合乎儒家的礼仪。赵孟頫在宋亡之前，一直没有做过官，"未官，试中国子监，不及仕而宋亡"[2]。虽然《行状》中有一句"注真州司户参军"，但这里的"注"是"注官"，即注出拟授的官职，并不是实际到任。在这种情况下，赵孟頫对于仕途是有憧憬的。他在《送吴幼清南还序》（卷六）中说："士少而学之于家，盖亦欲出而用之于国，使圣贤之泽沛然及于天下，此学者之初心，然而往往淹留偃蹇，甘心草莱岩穴之间，老死而不悔，岂不畏天命而悲人穷哉！诚退而省吾之所学，于时为有用耶？为无用耶？可行耶？不可行耶？则吾出处之计，了然定于胸矣，非苟为是栖栖也。"这段话中，

---

[1]　元·孔齐《至正直记》，丁传靖《宋人轶事汇编》卷三十"赵孟頫"，中华书局1981年版。
[2]　王德毅等《元人传记资料索引》，台北新文丰出版公司1978年版。

赵孟頫明确指出，"学者之初心"是"出而用之于国"，学当然是为了出仕。而另一方面，出仕的关键是"时"，如果"于时有用"，那就出仕。

至元二十三年 (1286 年) 之前，赵孟頫多次拒绝出仕，我们已经分析过，那时的时机是相当不适合出仕的。而随着世事变化，赵孟頫的内心发生了一些动摇，黄时鉴先生在《元朝史话》里曾经分析，"天下有道则见，无道则隐"，赵孟頫的心底深处，对于达道深感渴望，他认为这才是读书人的目的。所以，在元世祖再次求贤之际，他选择了儒家行义达道。

第三则是行孝。杨载在《行状》中记载："皇元混一后，闲居里中，丘夫人语公曰：'圣朝必收江南才能之士而用之，汝非多读书，何以异于常人？'"[1]这一史料经常被引用，作为赵孟頫主动仕元的原因之一——为了行孝道。不过，丘夫人的这句话如果属实，则说明她的见识实在非常有远见。因为在至元二十二年 (1285 年) 之前，江南士人的仕元前途，其实不容乐观。"南宋的降官，除吕文焕、范文虎等个别有影响的人物仍被继续任用外，其余尽数清除"，致使南士"谋官乏术，入仕无门"。[2]赵孟頫仕元，母亲也许确实起到了一定作用，仕元是"不忠"，但违母命是"不孝"，在"忠"与"孝"二者之间，赵孟頫取其后者。对于"孝"，赵孟頫有自己的理解，他说："孝者百行之首，经为日用之常，故夫子设教必以孝为先也，而弟子授受以为日用常行之道，诚事亲始充而广之，至于事君立身修德，不外是矣，圣人之心岂外是乎？"[3]

但另一方面，也许，这更加证明，出仕乃是主动，并无其他人逼迫。把"不忠"归咎于对母亲的"孝"，可谓是用心良苦。但这种欲盖弥彰，并不能掩盖他主动仕元的真实情况，相反却使我们更加相信他的仕元是自愿的。

首赴大都，是赵孟頫心态最为复杂的阶段。家族和社会的压力，更有挚友

---

[1] 元·欧阳玄撰《赵文敏公神道碑》(《圭斋文集》卷九，文渊四库全书本) 中载："丘夫人尝语之曰：'天下既定，圣朝必偃武修文，收四方才士用之。汝非多读书，何以自异齐民？'"与杨载所记稍异，但大意是一样的。

[2] 周良霄、顾菊英《元史》，上海人民出版社，2003 年版。

[3] 《石渠宝笈初编》卷四十一《宋高宗书孝经马和之绘图一册》卷后赵孟頫跋语，文渊阁四库全书本。

赵孟頫《双松平远图》卷（局部）（美国）大都会艺术博物馆藏

的劝阻，他被忽必烈召，作为人才往大都应选，聚合地也在杭州。到了杭州，他的杭州挚友戴表元与他相约西湖边，戴表元告诫他一旦仕元，恐为他人诟病多多。雨雪霏霏之时，戴表元送赵松雪，提笔写下《招子昂饮歌》：

> 与君相逢难草草，与君相逢苦不早。
> 人生何处小泥涂，此日飘零武林道。
> 武林城中马如云，闭屋狂歌人不闻。
> 狂歌自笑君亦笑，依然狂绝不如君。
> 君歌岂是真狂者，青衫少日春潇洒。
> 至今俊笔五花纹，最惜青眸十步下。
> 虚名何用等灰尘，不如世上蓬蒿人。
> 黄金偏趋不贫室，白发难老无愁身。
> 风雨无情亦如此，凄凄但聒穷人耳。
> 不见朱楼高到天，凤箫龙管连朝起。
> 连朝笙管可奈何，我歌且止须君歌。
> 青天白雪望不极，坐见绿水生层波。
> 我生胡为被狂恼，江头鱼肥新酒好。
> 从今作乐拼醉倒，与君相逢难草草。

然而，他依旧北上了。

至元二十四年（1287 年），赵孟頫入大都觐见忽必烈。子昂与众不同的外表、神采，突出的才艺，更兼其宋宗室的身份，在元世祖看来，这当然是一个应该网罗重用的人才，当廷惊呼"神仙中人"，不顾反对，授其为兵部郎中（从五品），这当然是一种莫大的礼遇，引发不少蒙古大臣的妒忌。

赵孟頫在这样的"恩宠"下，对政治表现出相当的热情，为世祖草诏，挥笔立就；参与钞法，旁征博引，慷慨激昂，带着"半生落魄江湖上，今日钧天一梦同"[1] 的喜悦，以"士少而学之于家，盖亦欲出而用之于国，使圣贤之泽沛然及于天下"[2] 的心志，居然到了"往事已非那可说，且将忠直报皇元"[3] 的地步。所谓"且将忠直报皇元"，《元史》可能是依据元欧阳玄撰《赵文敏公神道碑》，全诗如下："状元昔受宋家恩，国困臣强不尽言。往事已非那可说，且将忠直报皇元。"不过，耐人寻味的是，在《松雪斋文集》中却未被收录，大概赵孟頫也觉得此诗过于阿谀，在整理文集时将其删掉了。

然而，这六年中，虽然"议法刑曹，一去深文之弊；条事政府，屡犯权臣之威"[4]，但赵孟頫并没有实现自己的政治抱负，这六年，是充满失意的。政治上的排挤以及时常受人猜忌的宋宗室身份使他无所作为，甚至还比不上那些炼丹的方士，只能是"青春憔悴过花鸟，白日勾稽困文簿"，[5] 矜矜于一些日常琐事，徒费青春。

在出任兵部郎中时，他已经流露出这种失意，如《兵部听事前枯柏》：

> 庭前枯柏生意尽，枝叶干焦根本病。
> 黄风白日吹沙尘，鼓动哀音乱人听。
> 嗟哉尔有岁寒姿，受命于地独也正。
> 雨露虽濡心自苦，凤鸟不来谁与盛。
> 岂无松栝在山阿，只有蓬蒿没人胫。
> 我生愧乏梁栋才，浪逐时贤缪从政。
> 清晨骑马到官舍，长日苦饥食还并。
> 薄书幸简不得休，坐对枯槎引孤兴。
> 人生何为贵适意，树木托根防失性。
> 几时归去卧云林，万壑松风韵笙磬。

---

[1] 《松雪斋文集》卷五《初至都下即事》，四部丛刊本。
[2] 《松雪斋文集》卷六《送吴幼清南还序》，四部丛刊本。
[3] 《元史》卷一七二《赵孟頫传》，中华书局，1976 年版。
[4] 《松雪斋文集·谥文》，四部丛刊本。
[5] 《松雪斋文集》卷三《次韵叶公右丞纪梦》，四部丛刊本。

赵孟頫《幽篁戴胜图》卷　故宫博物院藏

降来傳月
今放筆賞詠
鳳待詩何事
瑩倏侶翩
終借一枝剝
家為神隙
意抱撲毫
時礫梨陳
經地恆新
墨好毛
乾隆甲戌御題

没有做过官的赵孟頫做了官，然而做官之后，他所体会的，是清晨骑马去官府上班，整日忙碌，却仍然衣食不济。在这里没有朋友，在这里没有亲友，这样的生活，赵孟頫第一次产生了"归去"的归隐之心。

至元二十五年（1288年）春节前夕，赵孟頫无法与妻儿团聚，在京都独自过年。他给郭天锡写信，满目凄凉：

> 孟頫奉别以来，已复三年矣。夙兴夜寐，无往而不在尘埃俗梦间。视故吾已无复存者。但赢得面皮皱褶，筋骨衰败而已。意谓吾右之优游闾里中，峨冠博带，与琴书为友朋，不使一毫尘事芥乎胸臆。静中所得，便可与安期羡门同调。近忽得家下书，知右之因库役之事，被扰异常，家事亦大非昔比。今见挈家在茗玉兄处，令人惆怅无已。然时节如此，切不可动吾心，是有命焉，但安时处顺，自可胜之耳。不肖一出之后，欲罢不能，每南望矫首，不觉涕泪之横集。今秋累辈既归，孑然一身，在四千里外，仅有一小厮自随，形影相吊，知复何时可以侍教耶？

这封信说得再清楚不过，出仕了的赵孟頫，已经感受到身心疲惫和孤苦伶仃。同时，朝廷的局势，也风云诡谲。"在桑哥主政期间，曾有意拉拢南人以与汉人抗衡"[1]，致使朝廷中南、汉之间矛盾加剧。至元二十八年（1291年），桑哥伏诛后，忽必烈撤销了尚书省而复中书省，朝廷中北方汉人儒臣重新占据了优势。而南人之代表叶李，因曾举荐过桑哥而遭到罢黜。自此以后，"省台之职，南人斥不用"[2]。当时南人在朝廷中的地位已完全丧失，这时的赵孟頫亦感到身陷囹圄，处孤履危，进退失据，官场上的"谈笑而戈矛生，谋虑而机阱作，不饮而醉，不鸩而毒"[3]的险恶令他胆战心惊。

消除这种恐惧与危机的办法有两个：要么退隐，要么补外。

---

[1] 周良霄、顾菊英《元史》，上海人民出版社，2003年版。
[2] 《元史》卷一八七《贡师泰传》，中华书局，1976年版。
[3] 《松雪斋文集》卷六《夷斋说》，四部丛刊本。

至元二十八年（1291年）六月，赵孟頫在《除授未定帖》中提到，元世祖已经答应了他外任的请求：

> 孟頫一节不得来书，每与二姐在此悬思而已。伏想各各安佳，孟頫寓此无事，不烦忧念，但除授未定，卒难动身。恐二老无人侍奉，秋间先发二姐与阿彪归去，几时若得外任，便去取也。今因便专此上覆，闻乡里水涝，想盘缠生受，未有一物相寄，二姐归日，自得整理。一书与郑月窗，望递达。不宣。六月廿六日。孟頫上覆。

至元二十九年（1292年），赵孟頫"进朝列大夫，同知济南路总管府事，兼管本路诸军奥鲁"[1]。赴任之前，他先回家乡，看望了年迈的岳父岳母，准备接妻子儿女一同到济南。次年秋天，他带着妻儿到济南府就任。

赵孟頫的官职是同知总管府事，乃是副职。不过，总管空缺，所以，赵孟頫实际上行使了总管的权力。在济南的任上，赵孟頫做出的政绩不少，平冤狱，办学校，施仁政，当地社会治安大为好转。不过，在济南任上，赵孟頫依旧受到了来自蒙古官员的排挤和猜忌。金廉访司事韦哈剌哈孙就是其中之一，他性情暴烈，对百姓和下属都十分苛刻。他所任的官职，虽然官职低，但监督赵孟頫，他经常造谣中伤赵孟頫，给赵孟頫带来了很大的心理阴影。向往归隐与经邦济世这一对身心交迸的矛盾，贯穿了赵孟頫的人生历程。

至元三十一年（1294年）正月，元世祖去世。经过残酷的宫廷斗争之后，忽必烈的孙子铁穆耳继承了皇位，是为元成宗。赵孟頫的命运，即将再次被改变。他再次被召回，然而，情况并没有比初入大都时号多少。他以"南人"的身份入史馆修史，这其中的酸楚恐怕只有他自己才能体会。没过多久，赵孟頫便借病乞归，以平民身份返回故乡吴兴。

这时候，他大概不知道，自己还会回来。

---

[1]　元·杨载《行状》，《松雪斋文集》附录，四部丛刊本。

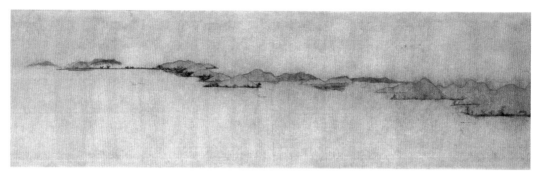

赵孟頫《吴兴清远图》卷（局部） 上海博物馆藏

在江南的病休四年，赵孟頫遭遇到了遗民们的白眼，不过，他的好友们仍然与他来往，并没有因为他的"变节"而影响大家对于他才华的看法。周密在《云烟过眼录》里记载了赵孟頫在乙未年（1295年）与他的见面，两人一起赏玩书画古器，赵孟頫还为周密绘制了著名的《鹊华秋色图》。

至大三年（1310年），皇太子爱育黎拔力八达（即元仁宗）受汉文化影响较深，崇尚儒学，对文学艺术尤为厚爱。爱育黎拔力八达非常欣赏赵孟頫，于是召他进京。这一次，赵孟頫拜翰林侍读学士知制诰同修国史（正三品）。在这之后，赵孟頫的官职接连提升，最终"官至一品，荣际五朝"，在政治生涯中达到了顶峰。

元仁宗当然是赵孟頫的伯乐，根据《元史》的记载：

> 帝（仁宗）眷之甚厚，以字呼之而不名。帝尝与侍臣论文学之士，以孟頫比唐李白、宋苏子瞻，又尝称孟頫操履纯正，博学多闻，书画绝伦，旁通佛、老之旨，皆人所不及。[1]

除了授以高官之外，他也曾经"上赐中统钞五百锭，谓侍臣曰：中书尝称国

---

[1]《元史》卷一七二《赵孟頫传》，中华书局，1976年版。

用不足,此必持而不与,以普庆寺别贮钞给之"[1]。赵孟頫的夫人管氏也被加封为"魏国夫人"[2],赵孟頫的父亲和祖上居然在元朝得到了封赐——这不如说是一种讽刺。赵孟頫的曾祖父赵师垂,在宋时即为新兴恭襄王,如今是"赠集贤侍读学士、中奉大夫护军、追封吴兴郡公";其祖父赵希永本为宋朝奉大夫、直华文阁,卒赠通议大夫,如今则被封为"资善大夫太常礼仪院使上护军,加封吴兴郡公";其父赵与訔在南宋时仕为正议大夫、尚书、户部侍郎兼知临安府、浙西安抚使,如今则"加赠集贤大学士、荣禄大夫柱国"并"加封魏国公"。在赵孟頫的《松雪斋文集》中,他为别人写了不少有关"封赠三代"的制文,都非常详细地记录了三代的世系,并大加赞扬,而关于他自己的"三代制文"则未见。这当然是他的隐痛,他大约知道,自己已无颜上祖宗丘墟了。

对于这一时期赵孟頫心态的研究,学者关注的焦点有两个:一是面对仁宗的优渥,赵孟頫"感激涕零,写下了不少歌功颂德的赞歌,过去心中的一些牢骚和不满,再也看不见了"[3]。二是元仁宗对他恩宠的真实目的只不过是利用他的"博雅渊深之学"来"藻饰太平之美",因此"赵孟頫对自己充当御用文人和宫廷画家似乎并不满意"[4],写下了"齿豁头童六十三,一生事事总堪惭。唯余笔砚情犹在,留与人间作笑谈",以为自警。

其实,有一点是可以肯定的,赵孟頫在这一时期的位极人臣,靠的并不是溜须拍马,也不是政治势力,而是他的才华,他在艺术方面的成就。

因为有才华,他经常要奉敕撰写大量的制、表、经卷、墓志、碑铭等,至于日常书画应酬,更是不胜枚举。这是他想要的生活吗?当然不是,赵孟頫此时已不再有初仕元廷的那种雄心壮志,十几年来,宦海沉浮,半吏半隐,他似乎已经习惯了做一个元朝的"政治花瓶",他的悲痛已经深入骨髓——曾为皇宋宗室的"贰臣",正如他在诗句中所慨叹的:"一生事事总堪惭。"

---

[1] 元·杨载《行状》,《松雪斋文集》附录,四部丛刊本。
[2] 元·杨载《行状》,《松雪斋文集》附录,四部丛刊本。
[3] 陈高华《赵孟頫的仕途生涯》,载《赵孟頫研究文集》,上海书画出版社,1994年版。
[4] 任道斌《作为御用文人与元廷画家的赵孟頫》,载《新美术》2004年第2期。

赵孟頫《鹊华秋色图》卷　台北故宫博物院藏

所以，当他发现雪庵和尚时，赵孟頫立刻不遗余力地推荐，这件众所周知的美谈，曾经在张金梁先生的《子昂荐雪庵》一文道破天机："子昂是饱学之士，根深蒂固的传统伦理观念无时不刺痛着他失节的神经。他作为元廷摆设文臣，整日忙于文翰应对。每当在朝廷躬迎笑送元帝时，始终感到祖辈们睁圆的怒眼在身后盯着自己；每当提笔为元帝歌功颂德时，殷痛的心血与笔下的墨液汇同流淌。应对的诗文书札，尽管他写了不少，但流传范围极小，一般人难以看见；而题写的宫殿城门匾额，抬头可视，避免不了人们指指点点，一个亡国之徒在强悍的蒙古人面前屈节求荣的可怜身影在眼前晃动。他身心战栗茫然若失，他不敢违背以凶悍著称的新主子的意志，他挖空心思寻觅两全其美之策，来改变这丢人现眼的状况。终于有一天，他发现了一个能写酒帘的人，荐之于朝，代己大书，他就是雪庵和尚。"[1]

最懂他的也许只有管夫人。她曾经填写了四首《渔夫词》，委婉劝说夫君弃官归隐。然而，这时，也许已经太晚了。登上高位的赵孟頫没有得到一天的欢乐，在大都，他先失去了自己的长子赵亮，幼女因为旅途奔波又病逝家中，延祐五年（1318年），最大的打击来临了——

管道昇脚气病复发，病情不见好转，赵孟頫终于获得了皇上恩准，送她回家。途中，管夫人病逝在南归的舟中，支撑着赵孟頫人生的最后一根稻草，消失了。

赵孟頫与管道昇的婚姻

无论赵孟頫本人的德行如何，有一点是毋庸置疑的，赵孟頫与管道昇是一对模范夫妻，后人说起他们的感情生活来，总是颇为艳羡。然而，在学界，对于赵孟頫和管道昇的结婚的具体时间，却存在着有趣的争议。

为什么我们要花篇幅，了解一个艺术家的结婚时间？因为考证赵孟頫和管道昇的婚年，对于考证赵孟頫书画的真伪有很大的帮助。另外，对于考据赵孟頫

---

[1] 张金梁《子昂荐雪庵》，载《书法报》2003年1月27日第4期第3版。

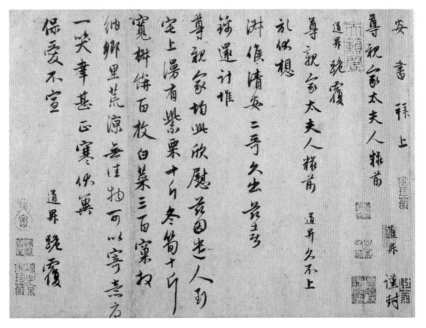

赵孟頫《代管道昇帖》卷 （美国）普林斯顿大学美术馆藏

诗作的时间，亦有不小的作用。比如赵孟頫的《罪出》一诗，这首诗历来被当做是研究赵孟頫心态变化的重要资料，从中可以考见其仕元后何时出现"自悔自责"的心态，在这首诗的时间上学界一直都争论，但诗中有"病妻抱弱子，远去万里道"之句，则明显可知，写这首诗时，赵孟頫和管道昇已经结婚生子，所以，这便是我们要考证赵管结婚时间的关键。

　　第一种说法是，赵孟頫结婚时间在至元二十三年(1286 年)前。这主要来源于任道斌的《赵孟頫系年》"至元二十三年丙戌"条中说："管伸与孟頫相往还，以为其必显贵，许女管道昇与孟頫，择为佳婿，当不晚于是年。"[1]《系年》的依据是《松雪斋文集·魏国夫人管氏墓志铭》中载："……予与公同里闬，公又奇予，以为必贵，故夫人归于我。至元廿四年，世祖圣德神功文武皇帝，召孟頫赴阙……"墓志铭的说法可以认定，赵、管结婚肯定不会晚于至元二十四年(1287 年)。但是，

---

[1]　任道斌《赵孟頫系年》，河南人民出版社，1984 年版。

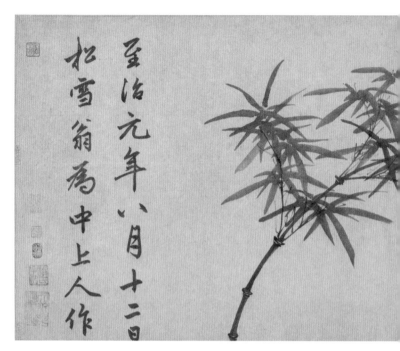

赵孟頫、管道昇、赵雍《赵氏一门三竹图》卷　故宫博物院藏

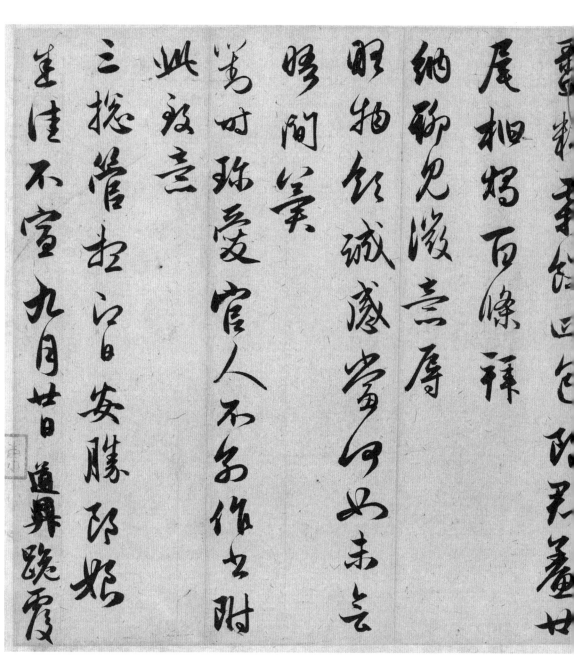

赵孟頫为管道昇代笔行书《秋深帖》册页　故宫博物院藏

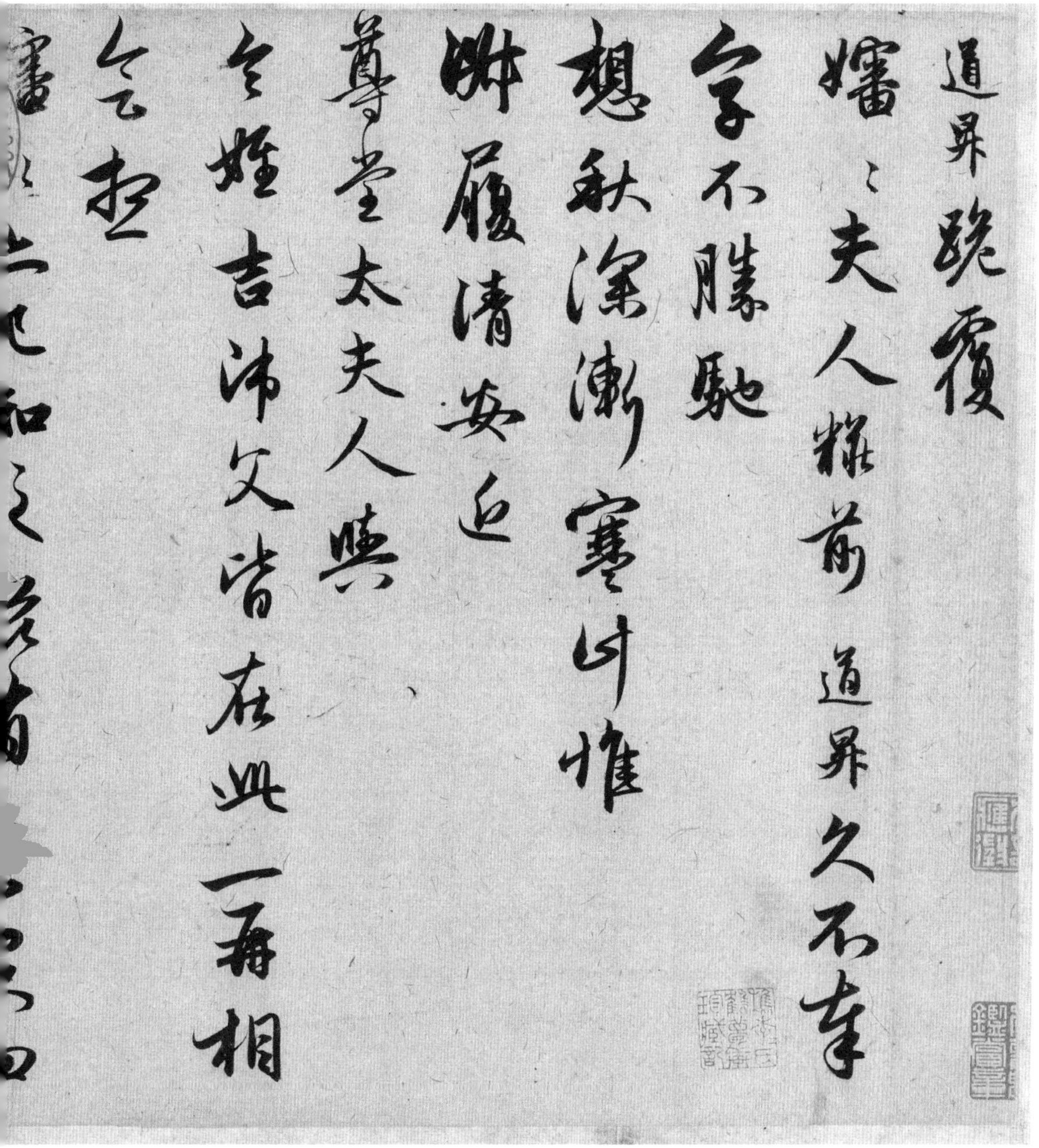

道昇跪覆

嬭嬭夫人糚前 道昇久不奉

字不勝馳

想秋深漸寒尚惟

姉履清安迩

尊堂太夫人興

令姪吉沛父皆在此 一再相

審 ... 和之 ...

《管氏墓志铭》中的"夫人归于我"与"至元廿四年"赵孟頫仕元，这两者之间并没有说明更为明确的时间前后关系，所以，不能断定赵、管婚年就在这一年。

第二种是"至元二十五年(1288年)"说。这主要依据的是清代吴荣光《历代名人年谱》中有至元二十五年"子昂以夫人北上"之记载，说明此时赵孟頫已成婚。[1] 关于这个说法，《管氏墓志铭》可以证明是不可信的："(至元)廿六年，以公事至杭，乃与夫人偕至京师。"也就是说，去京师是至元二十六年的事情。

第三种是"至元二十六年(1289年)"说。依据的是《松雪斋文集》卷七《管公楼孝思道院记》载："管公无丈夫子，仲姬特所钟爱，至元廿六年归于我……"

在这个说法中，史料所记载时间明确，看起来令人信服的，却是一个孤证。管道昇去世之后，赵孟頫曾经在给中峰明本的信札中明确指出了他们的婚年：

> 中峰和上师父侍者：孟頫自老妻之亡，伤悼痛切，如在醉梦，当是诸幻未离，理自应尔。虽畴昔蒙师教诲，到此亦打不过，盖是平生得老妻之助整卅年，一旦哭之，岂特失左右手而已耶。哀痛之极，如何可言。……六月廿八日弟子赵孟頫和南拜复中峰大和上师父侍前
>
> 中峰大和上老师侍者：昨以中还山，草草具字，陈叙下情。……卅年陈迹，宛若梦幻，此理昭然，夫复何言。……廿三日
>
> 中峰和上老师侍者：以中来，得两书，披读如对顶相，感激慈念，不觉泪流。盖孟頫与老妻，不知前世作何因缘，今世遂成三十年夫妇，又不知因缘如何差别，遽先弃而去，使孟頫栖栖然无所依。今既将半载，痛犹未定，所以拳拳，欲得师父一临，以慰存没之心耳……[2]

写信的这一年，乃是延祐六年(1319年)。管道昇因为脚气病发作，赵孟頫

---

[1] 清·吴荣光《历代名人年谱》卷八，上海书店，1989年版。
[2] 以上信札转引自单国强《赵孟頫信札系年初编》，载《故宫博物院院刊》1995年第2期。

请旨带着她回家，归家途中，"五月十日，行至临清，（管道昇）以疾薨于舟中，年五十八"[1]。赵孟頫归吴兴后，与子赵雍为管张罗后事。也在这封信札中，赵孟頫多次提到"卅年""三十年"的字眼，按照这封信的说法，延祐六年正是赵孟頫和管道昇结婚三十年，上溯推之，当为至元二十六年(1289年)。

这一年，赵孟頫三十六岁，管道昇二十八岁。

如此晚婚，极为罕见。于是，一些新的说法出现了。一个说法是，管道昇是赵孟頫的后妻。台湾翁同文先生在《王蒙为赵孟頫外孙考》[2]一文中认为："赵孟頫在娶管道昇之前，曾有前妻，并生有一男四女。"这个说法的来源是赵孟頫之子赵雍《自书诗词》卷后的一段题识："延祐六年春正月，寄呈德琏姊丈一观。冀改抹幸甚，书于大都咸宜里之寓舍。赵雍。"德琏是赵孟頫的四女婿王国器(他的儿子便是元四家之一的王蒙)，而赵雍为赵孟頫次子，又称王国器为"姊丈"，那么赵雍的排行至少是第六。但在一般的观点中，赵雍是管道昇所生的长子，所以，赵孟頫和管道昇结婚之前，一定还有别的孩子。这个说法看起来可靠，但有一点是存疑的，就是来源。因为赵雍的《自书诗词》卷至今未见，其真伪我们如今已经没办法考证了。

赵孟頫是否有前妻呢？有一点是可以确定的，从现存的材料来看，赵孟頫的诗文、碑铭、行状中，从来没有提到自己的前妻。是否有一种可能，赵孟頫因为和管道昇的感情太好，所以从未提及呢？我认为这个说法也不确切，因为行状是后人所写，应该较为客观，如果之前仍有前妻，必定要加以说明。因此，按现在所能查考的资料，只能认为赵孟頫没有前妻，管道昇是其原配。

赵孟頫的晚婚，我认为有很大的原因是出于战乱。要知道，南宋灭亡时，赵孟頫二十三岁，应是谈婚论嫁的时候。但此时国破家亡，战火频仍，赵孟頫此时最关心的，应该是自己的头颅，而不是婚姻大事。管道昇晚婚的原因在《魏国夫人管氏墓志铭》中说得很清楚，第一，父亲宠爱，"特所钟爱"，"公又奇予，以为必贵，故夫人归于我"。另一种可能性是，因为战乱，耽误了管道昇。还有一

---

[1] 《松雪斋文集·魏国夫人管氏墓志铭》，四部丛刊本。
[2] 翁同文《王蒙为赵孟頫外孙考》，载台湾《大陆杂志》卷二六，一期（1963年）。

种可能性是，也许赵、管二人已有婚约，但因为战乱，一直到数年之后，才终于得以完婚。

赵孟頫和管道昇的婚姻，并不是一帆风顺，清人徐釚《词苑丛谈》中曾经记载了这样一件事：

> 管仲姬，赵子昂夫人也。子昂尝欲置妾，以小词调管夫人云：我为学士，你做夫人。岂不闻陶学士有桃叶、桃根，苏学士有朝云、暮云，我便多娶几个吴姬、越女，无过分。你年纪，已过四旬，只管占住玉堂春。
>
> 夫人答云：你侬我侬，忒杀情多。情多处，热似火。把一块泥，捻一个你，塑一个我。将咱两个，一齐打破，用水调和。再捻一个你，再塑一个我。我泥中有你，你泥中有我。我与你生同一个衾，死同一个椁。
>
> 子昂得词，大笑而止。

这则逸闻无从考证真伪，不过，却流传甚广。管道昇能够征服赵孟頫的，恐怕不仅仅是美貌，更是才学与艺术天赋。这对夫妇以书画寄托相思，他们合作绘画，有时还互为代笔。管夫人的书法成就很高，董玄宰曾经称赞："管夫人墨竹世多有之。余见山庐绣佛图，亦工山水。今复见此佛像及小楷，皆有法度，虽文敏续书数十行不能远过也。"

在赵孟頫的书画信札中，时常可见管道昇的踪迹，综合如下，赵孟頫对于管道昇的称谓，大约有以下几种：

1. 二姐

《丈人帖》（《除授未定帖》）（至元二十八年，赵三十八岁，管三十岁，已有次子）：

> 孟頫上覆　丈人节干丈母县君：
> 孟頫一节不得来书，每与二姐在此悬思而已。伏想各各安佳，孟頫寓此无事，不烦忧念，但除授未定，卒难动身。恐二老无人侍奉，秋间先发

二姐与阿彪归去，几时若得外任，便去取也。今因便专此上覆，闻乡里水涝，想盘缠生受，未有一物相寄，二姐归日，自得整理。一书与郑月窗，望递达。不宣。六月廿六日。孟頫上覆。

这个称谓主要在岳丈面前使用。帖中所指"二姐"，即夫人管道昇，其为管家次女，故称"二姐"。"阿彪"即次子赵雍，因生于虎年，故取此小名。信中述"秋间先发二姐与阿彪归去"，可知赵氏夫妇时在京都（大都）。此札年月，据明文徵明考证，以为此帖应是元贞元年春赵应召由济南赴京修《世祖实录》时所书。然台湾姜一涵先生考证，则以为乃至元二十八年首赴大都时所书。其论据一是赵当时任正五品的奉议大夫，称丈母为正五品的"县君"恰合适，因为管家无入仕并受封者，丈母称"县君"只能是随赵孟頫之官阶。二是赵雍生于虎年，至元二十七正是虎年，故此札当写于稍晚于虎年的至元二十八年。两说中以姜氏考证为当。

2. 拙妇：从结婚后直到大德十一年

《希魏帖》（《倏尔两岁帖》）（至元二十八年，赵三十八岁，管三十岁，已有次子）

> 孟頫顿首　希魏判簿乡兄足下：
> 孟頫奉别诲言，倏尔两岁，追惟从游之乐，丹青之赠，南望怀感，未知所报。惟是官曹虽闲，而应酬少暇，以故欲作数字，道区区之情而不可得，希魏爱我甚至，当不以为谴也。即日毒热，伏想水精宫中，夷犹自得，履候安胜，孟頫赖庇如昨，秋闲欲发拙妇与小儿南归，以慰二老之思，是时又当致书，并以缪画为献也。家间凡百，悉望照拂，因便奉状。不宣。六月廿六日。孟頫再拜。

《度日札》（约至元三十一年）：

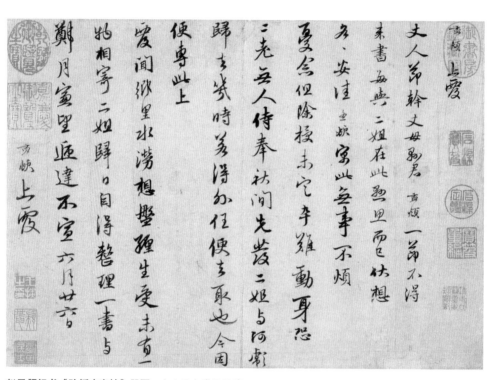

赵孟頫行书《除授未定帖》册页　台北故宫博物院藏

赵孟頫行书《候尔两岁帖》册页　台北故宫博物院藏

宗源总管相公尊亲家阁下：

孟頫近附便上候，当以达听。即日春气向暄，伏惟尊履佳胜。（以上四行明嘉靖年间按《宗乘》填补）春学□□孟頫□□□此□□度日，已及瓜而未代，见星而出，戴星而归，簿书期会，埋头其间，况味可想。复欲戏弄笔研。如在江左时绝不可得。凡此皆三哥在此所见，当能一一为尊亲家道，故不敢缕陈耳。三哥随不肖来，甚知相累，不肖受此苦恼，乃命所当然。而三哥因不肖故，亦复如是，负愧无可言者。久留于此，觉甚不便，今附因长老小师便，发其归家，唯是贪者，无以为厚照，极不安耳，因其得归，此拜覆，拙妇附此起居诸位夫人。不宣。二月廿六日。眷末赵孟頫拜覆。

《不闻动静札》（大德五年以后）：

孟頫再拜　民瞻宰公仁弟足下：

孟頫去年一月间到城中，知旆从荣满后便还镇江，自后便不闻动静，欲遣一书承候，又无便可寄，唯有翘仁而已。新春伏计体中安胜，眷辑悉佳，孟頫只留德清山中，终日与松竹为伍，无复一豪荣进之意。若民瞻来杭州，能辍半日暇，便可来小斋一游观也。向蒙许惠碧盏，何尚未践言耶，因便草草具记，拙妇附承婶子夫人动静。不宣。人日。孟頫再拜。

《远寄鹿肉札》（大德十一年，赵五十三岁，管四十五岁）：

仰人至得所惠书。就审履候胜常，深以为慰，不肖远藉庇休，苟且如昨，承远寄鹿肉，领次至以为感，但家人辈尚以为少，不审能重寄否？付至界行绢素，已如来命。写兰亭一过奉纳，试过目以为然乎、不然乎，紫芝有书今附来，使以书复之。冀转达拜意仁卿弟，堂上太夫人即日尊候安康，拙妇同此上问。不宣。正月廿四日。孟頫再拜。

3. 老妇：从大德十年《国宾帖》到至大期间

《国宾帖》(《致国宾山长书》《入城帖》，大德十年）：

孟頫顿首　国宾山长学士友爱足下：

孟頫自顷得答字，云行当入城，日望文斾之来，而岁事更新已复一月，其悬想之意殊拳拳也。人至得所惠字，乃知疾患渐安，极用为慰。户役造船之扰，虽不能不动心，然要当善处，恐未可缘此便为释老之归，释老二家，又岂能尽无事耶。此却非细事，更须详思，切祝、切祝。承索先人墓表，仅以一本上纳，盖先子没四十余年，而墓石未建，念之痛心，故勉强为之，才薄（劣）不能制奇文，力薄不能立丰碑，此皆可深恨者。非国宾相知，不敢及此。名印当刻去奉进。承别纸惠画绢、茶牙、麂鳩、鱼干、乌鸡、新笋，荷意甚厚，一一只领，不胜感激。偶有上党紫团参一本，恐可入喘药，附去人奉纳，冀留顿，未承教问，唯厚自爱。不宣。闰月一日。孟頫再拜。

乌鸡不阉者求一二对作种，无则已之。老妇附承堂上安人动履。

手书再拜覆　国宾山长友爱足下。赵孟頫谨封。

《炀发于鬓札》(大德十年）：

孟頫再拜　民瞻宰公弟足下：

别久不□驰想。近京口急□来，所惠书就审腹候清佳，八月晦日又得书，尤以为慰。不肖自夏秋来，炀发于鬓，痛楚不可言，今五十余日，而创尚未□，盖濒死而幸存耳。想民瞻闻之亦必□□也。承示以墨竹，大有佳趣，辄书□语其上，浼损卷轴，深知罪戾，不知民瞻见恕否。寄惠沉香、香环，领□感慈，未有一物奉报，想不诃也。老妇附致意阃政夫人，寒近，要鹿肉，千万勿忘。余冀尽珍重。理不宣。即日。孟頫再拜。

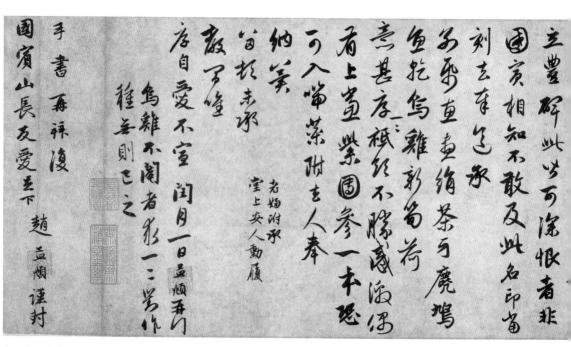

赵孟頫行书《国宾帖》卷　故宫博物院藏

孟頫頓首

圍賓山長學士友愛足下 孟頫

自泣得

崇字云行當入謀日望

文桷之來而豪可更新已復

一月其雲老之意殊拳拳如人

至得

而真字乃知

疏逮衡 安極用為至戶俊

造船之擾殆不能不勞以結

吾當菩薩惡志可緣此便

為耀老之歸 耀老二家又

尚能杰老事 那 興那非

孤事更須

詳里切祝三承

蒙先人鑒表謹以一本上

細蓋 先王沒四十餘年而墓

《近来吴门帖》（约至大二年）：

　　孟頫记事顿首　德辅教谕仁侄足下：

　　近来吴门，曾附便寄书与德俊令弟，不见回报，不审前书得达否。昨令弟求书《老子》，今已书毕，带在此，可疾忙报令弟来取。长兴刘九舍亦在此，德辅可来嬉，数日前，发至观音已专人纳还宅上，至今不蒙遣还余钱，千万付下以应用，颙俟、颙俟。老妇附致意堂上安人。不宣。十四日，孟頫记事顿首。

《幼女夭亡帖》（至大二年）：

　　孟頫和南再拜　中峰和尚吾师侍者：

　　俊兄来，蒙赐书，就审即日，道体安隐，深慰下情。孟頫不幸，正月廿日幼女夭亡，哀怀伤切，情无有已。虽知死生分定，去来常事，然每一念之，悲不能胜。兼老妇钟爱此女，一旦哭之，哀号数日，所不忍闻。近写《金刚经》一卷，却欲寻便上纳。今得俊兄来，就倩其持去，望师父于冥冥中提诲此女，使之不昧明灵，早生人天，弟子不胜悲泣愿望之至。《法华经》已僭越题跋，承惠柳文，感佩尊意。老妇附此上谢（摩姑一裹聊充供养）。甚望师父一来，为亡女说法，使之超脱，伏惟仁者慈悲，惠然肯临，幸甚。不宣。弟子孟頫和南再拜。

4. 老妻：至大直至去世后的称呼，前半时期与"老妇"并用
《亡女帖》（至大二年）：

　　孟頫和南拜覆　中峰和上禅师座前：

　　孟頫自结夏后，便望杖锡之临，师非忘吾者，当必以缘事不可来耳。

亡女蒙吾师资荐，决定往生，亦是此女与吾师缘熟故耶。今岁贱体虽托道庇苟安，老妻以忆女故，殊黄瘦，下次婢仆辈多病患，死者二人，极不能为怀。虽时蒙提诲，以道消息，然学道未有所见，亦未能释然，要亦念起便消，皆吾师之赐也。秋间专伺尊临，或孟頫往杭州，又得报报也。毒热，想山中清凉，道体安隐，不宣。六月廿五日。

孟頫拜覆　和南呈吾师中峰和上。弟子赵孟頫谨封。

《承教帖》（约至大三年）：

孟頫和南上覆　中峰和上吾师侍者：
俊兄来，得所惠书，审即日。道体安隐，深慰下情。承教"若人识得心，大地无寸土"之说，无他，只是一个无是无非，无管无不管，没义味之极，当自有得，一切葛藤、一切公案，皆是系驴橛的样子耳。和上大慈悲，而弟子日堕在尘埃中，孤负提警之意，面发赤，背汗下。因俊兄还山，草草且复书，老妻附致顶问之意，不宣。二月九日。孟頫和南呈。《师子院记》留在杭州，他日寻捡上纳，中峰和上吾师，孟頫河南谨封。

《长儿帖》（《长儿长往帖》，至大四年）：

弟子赵孟頫和南再拜　本师中峰和上座前：
孟頫去岁九月离吴兴，十月十九日到大都，蒙恩除翰林侍读学士，廿一日礼上，虚名所累至此。十二月间，长儿得嗽疾寒热，二月十三日竟成长往，六十之年，数千里之外，罹此荼毒，哀痛难胜。虽明知幻起幻灭，不足深悲，然见道未澈，念起便哀，哭泣之余，目为之昏，吾师闻之政堪一笑耳。今专为写得《金刚经》一卷，附便寄上（今先发其枢归湖州）。伏望慈悲，与之说法转经，使得证菩提，不胜至愿。此子临终，其心不乱，念"阿弥陀佛"而逝，若以佛语证之，或可得往生也。老妻附同信，不宣。

弟子赵孟頫和南拜上。二月廿七日。

《窃禄帖》(《次山总管帖》, 皇庆元年):

　　孟頫再拜次山总管仁弟足下:

　　别来倏已两载, 日坐扰扰, 不得时奉书, 伏想履候清佳。不肖窃禄于此, 欲归而未可得, 此心殊摇摇也。因十哥还, 见闻援笔具字, 极草草, 余惟善护。老妻致意合政夫人。不宣。正月十九日孟頫再拜。

　　皮帽一枚同往, 记事再拜。次山总管仁弟足下, 孟頫谨封。

《吴门帖》(《归自吴门帖》, 皇庆元年):

　　中峰和上吾师侍者。孟頫和南谨封。

　　孟頫和南拜覆　中峰和上吾师侍者:

　　孟頫归自吴门, 得所惠字, 审道体安隐, 深慰下情。示谕陈公墓志, 即如来命, 写付月师矣。送至润笔, 亦已祗领, 外蒙诲以法语, 尤见爱念, 即与老妻同看, 唯有顶戴而已。此番杖锡, 恐可还山中, 瞻望白毫, 不胜翘想, 不宣。弟子赵孟頫和南拜覆。

　　月师云:吾师近到弊舍, 而弟子偶过吴门, 不得一见, 不胜怅然。

《暂还帖》(皇庆元年):

　　孟頫和南拜覆　中峰和上吾师:

　　孟頫自四月间得旨暂还, 为先祖考立碑, 五月间离都, 触暑远涉, 虽幸而孟頫与老妻、小儿皆善达, 而童仆多病, 死者三四人, 其况可想。六月廿四日到家, 继而月师过访, 备知吾师住六安山中, 道体安隐, 甚慰。但俗境相驱迫, 固不得不尔, 然佛菩萨用心, 恐未必如此逃避也。世事如云，可拨遣即拨遣，不可拨遣亦随缘而已，何必尔耶。此亦吾师所了，殆是代吾师自说法耳。故愚见以为不如且还浙间，亦省事清心之一端，尊见以为如何。孟頫世缘缠绕，未易得脱，蒙圣上深眷，田里恐难久住，甚迟吾师来归相见一言，乃至望也。因用兄行，草草作此，老妻附此问信，不宣。八月十一日弟子赵孟頫拜覆。

《叨位帖》（延祐五年）：

手书和南上记　中峰和上吾师侍者。弟子赵孟頫谨封。

弟子赵孟頫和南上记　中峰和上吾师侍者：

孟頫窃禄叨位，日逐尘缘，欲归未能，南望驰企。以中来得所惠书，审道体安隐，深慰下情。远寄沈速香极仞至意，拜领，感激难胜，以中后得报，知吾师颇苦渴疾，欲挽以中过腊，坚不可留，谨发其回，今想以平复。圣旨已得，碑文都已圆备，就有人参一斤、五味一斤拜纳，何时南还，临纸驰情，老妻自有书。不宣。弟子赵孟頫和南上记　中峰和上吾师侍者。

《南还帖》（《得旨还南帖》，延祐六年）：

中峰和上老师。弟子赵孟頫再拜谨封。

弟子赵孟頫和南上记　中峰和上老师侍者：

孟頫得旨南还，何图病妻道卒，哀痛之极，不如无生。酷暑长途。三千里护柩来归，与死为邻。年过耳顺，罹此荼毒，唯吾师慈悲，必当哀悯。蒙遣以中致名香之奠，不胜感激。但老妻无恙时，曾有普度之愿，吾师亦已允许。孟頫欲因此缘事，以资超度，不审尊意以为如何。又闻道体颇苦渴疾，不知能为孟頫一下山否。若仁者肯为一来，存殁拜德，不可思议，以中还，谨具拜覆，哀戚不能详悉，并祈师照。不宣。弟子赵孟頫和南上记，

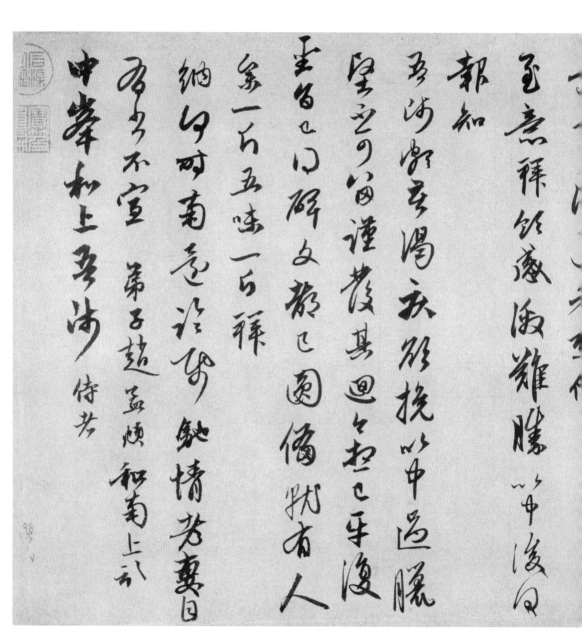

赵孟頫行书《叨位帖》卷　故宫博物院藏

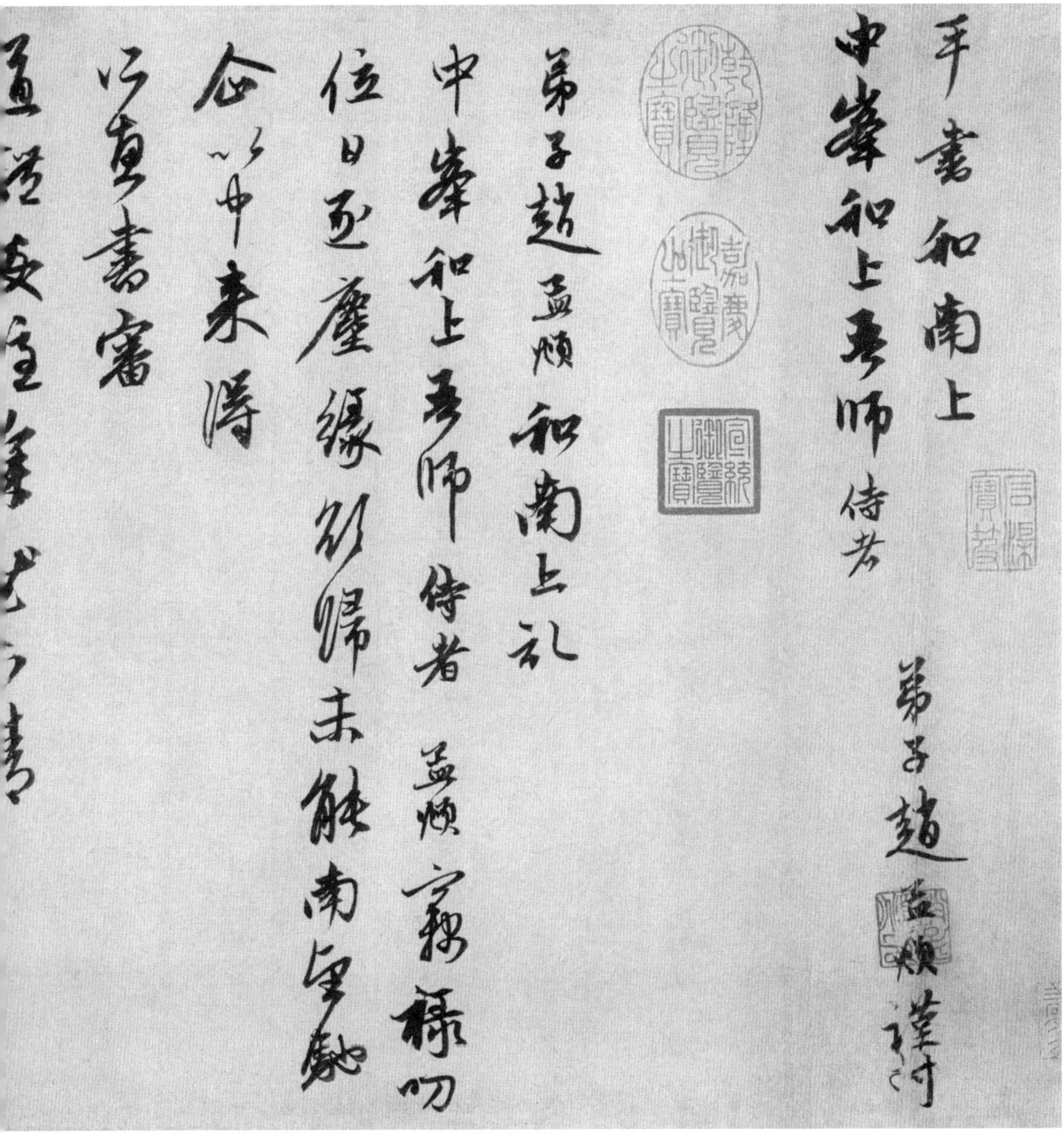

平書和南上

中峯和上吾師侍者

第子趙孟頫謹封

第子趙孟頫 和南上礼

中峯和上吾師侍者 孟頫窃祿苟

位日逺塵緣引歸未能南望馳懇

企以中来溽

以真書審

道活委筆劄不書

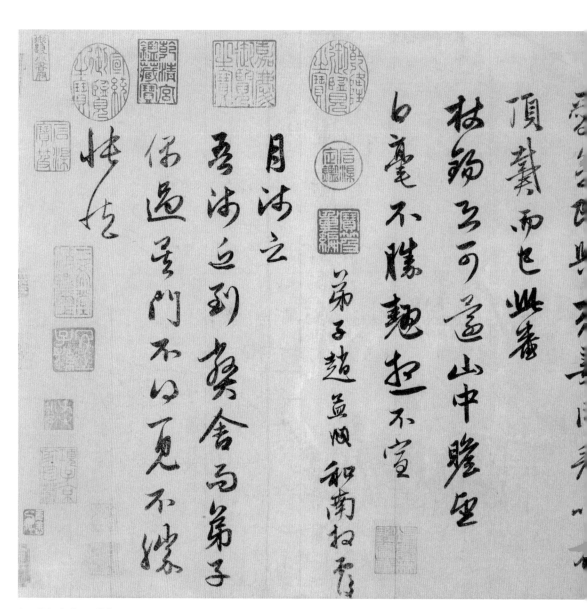

赵孟頫行书《吴门帖》册页　台北故宫博物院藏

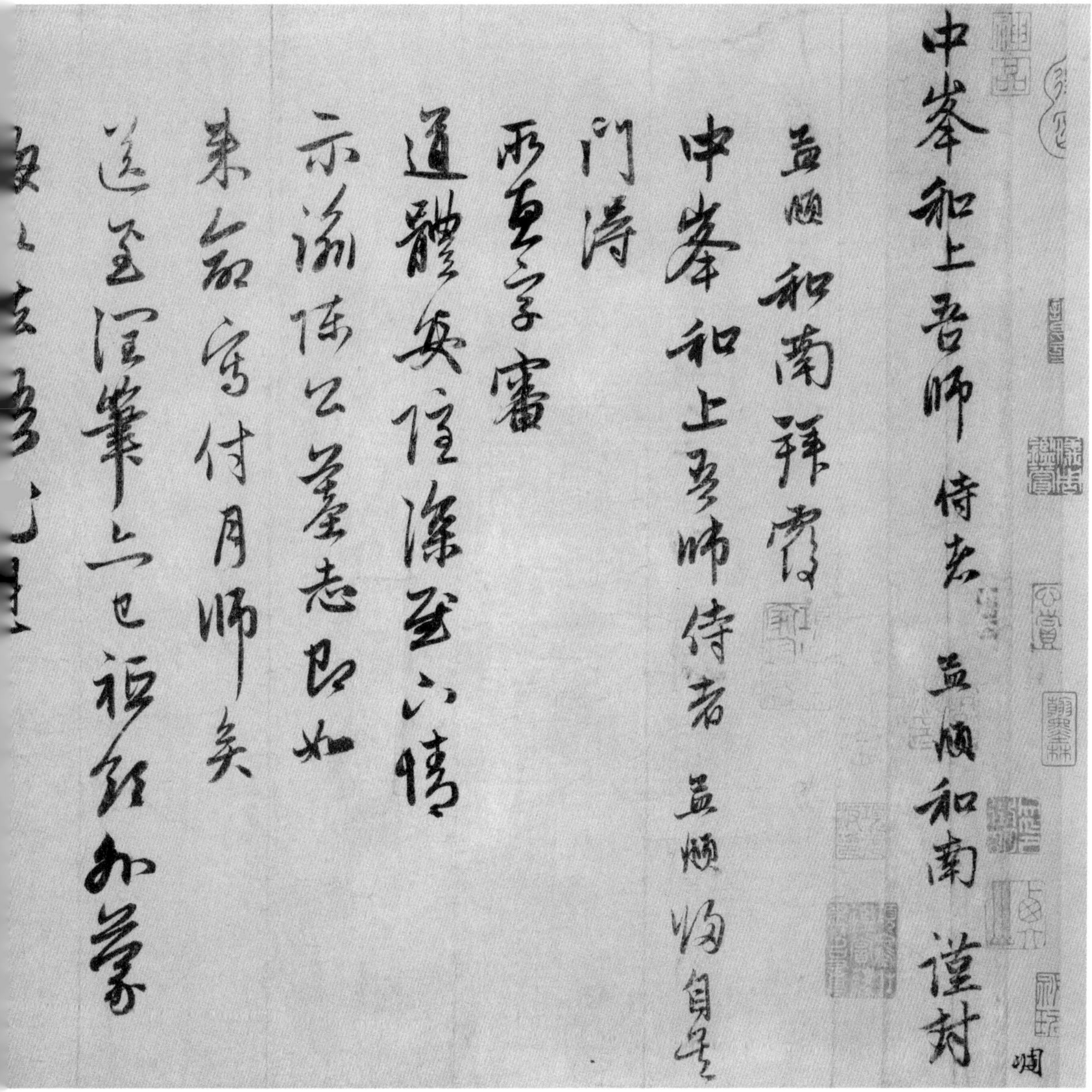

中峯和上吾師侍者 孟頫和南 謹封

孟頫和南謹復

中峯和上吾師侍者 孟頫 歸真上

門渴

而吏子審

道體安隱深至六情

示諭陳公墓志已如

來命寫付月師矣

送至澄筆己巳禍舊知蒙

孟頫稽首再拜上言

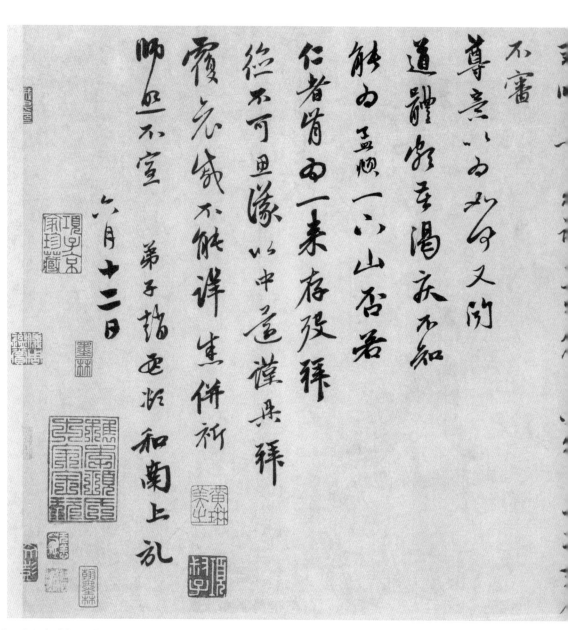

赵孟頫行书《南还帖》册页　台北故宫博物院藏

中峯和上老師　弟子趙孟頫和南再拜謹封

弟子趙孟頫和南上記

中峯和上老師　侍者　孟頫

自南還何嘗病妻道昇衰病之極不如無

生勝暑長途三千里涉極來歸與死為

隣年過耳順羅此榮毒惟

吾師憫此必為衣憫蒙

老此致

名香之薦不勝懇激但老妻坐禪究可

六月十二日。

《醉梦帖》（《如在醉梦帖》, 延祐六年）:

　　和南拜覆　中峰大和上师父侍前。弟子赵孟頫谨封。

　　弟子赵孟頫和南拜覆　中峰和上师父侍者:

　　孟頫自老妻之亡, 伤悼痛切, 如在醉梦, 当是诸幻未离, 理自应尔。虽畴昔蒙师教诲, 到此亦打不过, 盖是平生得老妻之助, 整卅年, 一旦哭之, 岂特失左右手而已耶。哀痛之极, 如何可言, 过蒙和上深念, 远遣师德, 赐以法语, 又重以悼章, 又加以祭文, 亡者得此, 固当超然于生死之涂, 决定无疑。至于祭馔之精, 又极人间盛礼, 尤非所宜蒙。殁存感戢, 不知将何上报师恩, 虽亡者妄身已灭, 然我师精神之所感通, 尚不能无望于慈悲拯拔, 俾澄菩提, 此则区区大愿。因俊兄还山, 仅此具复, 临纸哽塞, 不知所云。六月廿八日。弟子赵孟頫和南拜覆　中峰大和上师父侍前。

《两书帖》（《如对顶相帖》, 延祐六年）:

　　和南复书　中峰和上老师侍者。弟子赵孟頫谨封。

　　弟子赵孟頫和南再拜　中峰和上老师侍者:

　　以中来得两书, 披读如对顶相, 感激慈念, 不觉泪流。盖孟頫与老妻, 不知前世作何因缘, 今世遂成三十年夫妇, 又不知因缘如何差别, 遂先弃而去, 使孟頫栖栖然无所依。今既将半载, 痛犹未定, 所以拳拳, 欲得师父一临, 以慰存没之心耳。今蒙谕以病恼之故, 弟子岂敢复有所请, 赐教普度榜文情旨, 仰见慈悲, 此事度葬事以前, 必不能办, 一则事绪纷忙, 二则气力难办, 已与以中子细商量, 直伺东衡房屋完备, 就彼修设, 庶望山灵川祇, 方隅禁忌, 亡者神识, 冤亲之等, 皆沾福利耳, 想老师亦必以为然也。闻老师有疝气之疾, 已写方与以中, 恐可服也, 仅此拜覆。圆觉俟再写纳，并乞清照。弟子赵孟頫和南再拜　中峰和上老师侍者。

《尘事帖》(《纷纷尘事帖》, 延祐七年)：

中峰和上老师侍者。弟子赵孟頫和南谨封。

孟頫和南上覆　中峰和上老师侍者：

孟頫纷纷尘事中，不得以时上状，惟极驰向，渐热，伏计道体安隐，五月十日，老妻忌辰，一如前议，命千江庵主主持，了普度一事，只作一昼夜，日诵法华，夜施十灯十斛，兼三时宣礼法华忏法，区区不敢祗屈尊重，敢乞慈悲，就山中默加观想，庶使无情有情及亡者俱获超度，孟頫拜德，岂有已哉，因幻住道者上山，谨附短状，余唯珍重珍重，不宣。大拙以中来侍，并冀道及下意。四月廿六日。弟子赵孟頫和南和南　中峰和上老师侍者。

5. 先妻/夫人：延祐六年管道昇去世后

《去家帖》(《八年帖》《得旨暂还帖》, 延祐六年)：

孟頫再拜　进之提举友爱执事：

孟頫去家八年，得旨暂还，何图酷祸，夫人奄弃，触热长途，护柩南归，哀痛之极，几欲无生，忧患之余，两目昏暗，寻丈间不辨人物，足胫瘦瘁、行步艰难，亦非久于人间者。承专价惠书，远贻厚奠，即白灵几，存没哀感，托交廿年余，蒙爱至厚，甚望吴友一来，以叙情苦，而又不至，悬想之情，临纸哽塞，不具。七月四日。孟頫再拜　进之提举友爱执事。

《还山帖》(《以中还山帖》, 延祐六年)：

中峰大和上老师。弟子赵孟頫和南拜上谨封。

弟子赵孟頫和南再拜　中峰大和上老师侍者：

此固當超於生死之塗渙然無礙

至於祭奠之精又極人子盡禮矣

非所宜蒙段存感戴不知措何以扌

師恩難已者妄身已辦枯

我師精神之所感通自不孤無望於

慈悲極拔俾淫善挽此則运大

願因俊兄覺山謹此具復临临纸哽

塞不知所云六月廿日弟子趙孟頫和南

释雯

中峯大和上师父侍前

赵孟頫行书《醉梦帖》册页　台北故宫博物院藏

中峯大和上師父 侍前

和南稽顙

弟子趙 孟頫 謹封

弟子趙孟頫和南稽顙

中峯和上師父侍者 孟頫自老妻之亡

傷悼痛切如在醉夢當是諸幻

未解理自應爾雖眷昔蒙

師慈誨到此六打不過孟乞平生

浮老妻之血慈卅年一旦以之堂

特失左右手而輒郎衰病之軀

如□一旦遇蒙

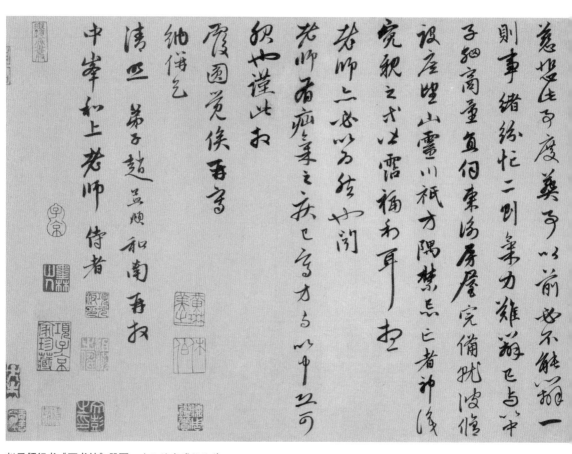

赵孟頫行书《两书帖》册页　台北故宫博物院藏

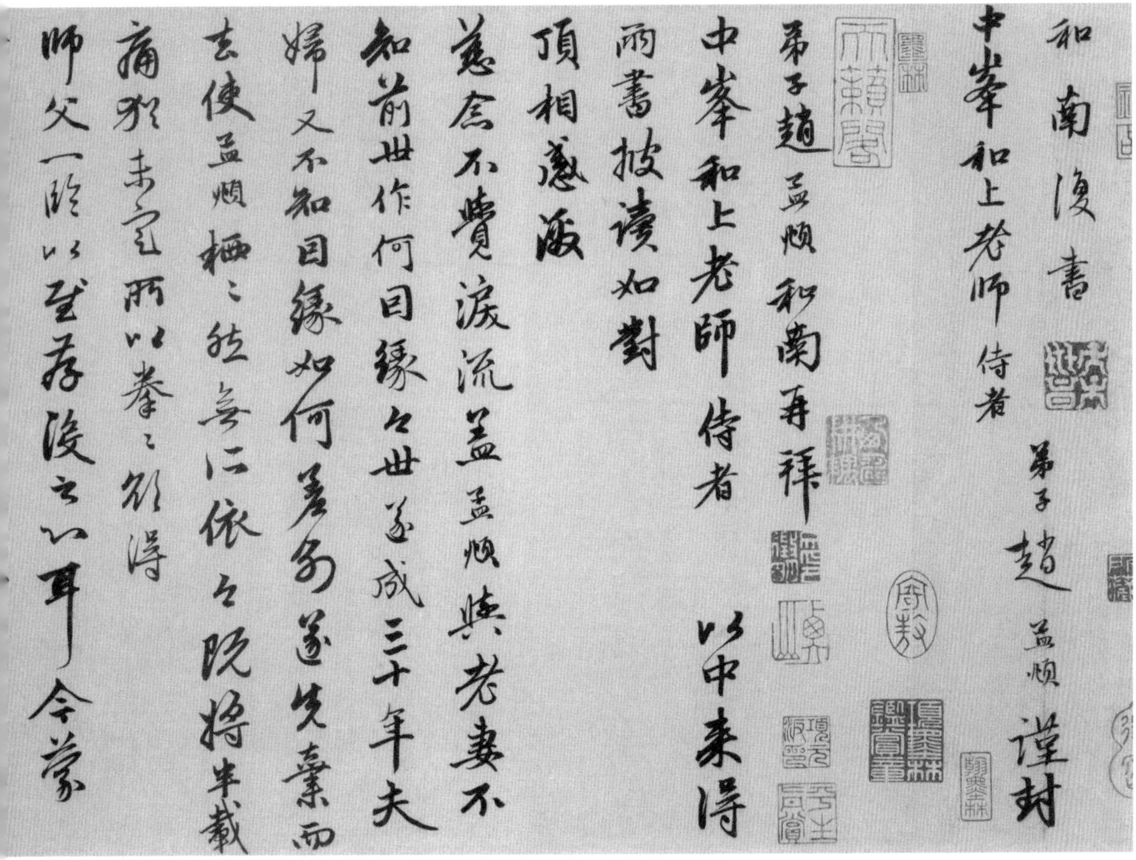

和南後書

中峯和上老師 侍者 第子趙 孟頫 謹封

弟子趙 孟頫 和南再拜

中峯和上老師 侍者 以中來得

兩書披讀如對

頂相慈誨

慈念不覺淚流 蓋孟頫與老妻不

如前世作何目緣 各生得成三十年夫

婦 又不知目緣如何 善爲遂失棄而

去使孟頫棲之 弦無二依々晚將半載

痛於 老妻 兩以拳之 弧淂

師父一盻以 至存没之心耳 今蒙

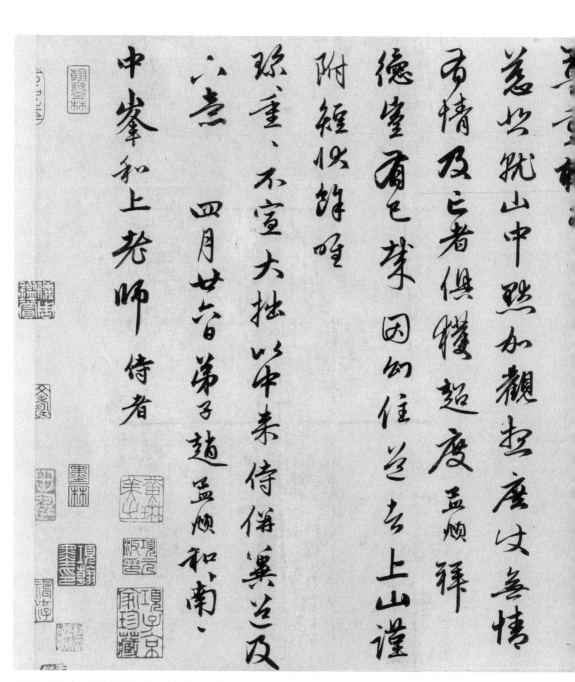

赵孟頫行书《尘事帖》册页　台北故宫博物院藏

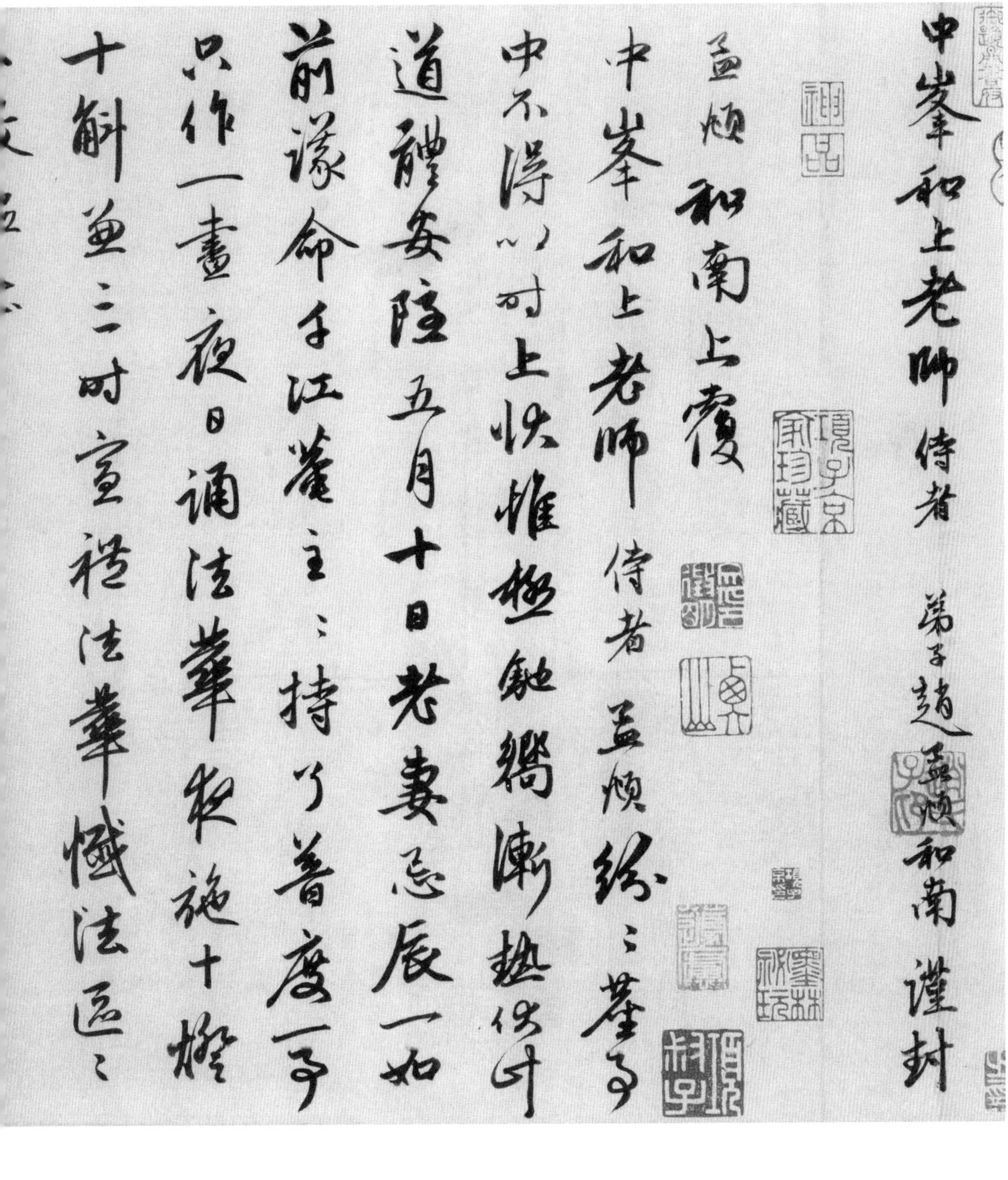

中峯和上老師 侍者 弟子趙孟頫和南 謹封

孟頫 和南上覆

中峯和上老師 侍者 孟頫 絕二蓬子

中不得以叩上快惟極鈍鷸漸熱伏计

道體安隆五月十日老妻忌辰一如

前蒙命于江灘主三持了普度一亨

只作一晝夜日诵法華經施十檀

十斛魚三时宣祸法華懺法迈三

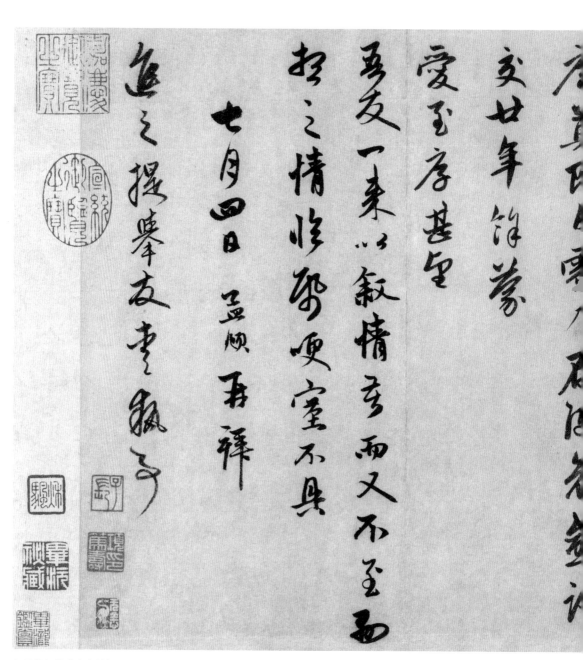

赵孟頫行书《去家帖》册页　台北故宫博物院藏

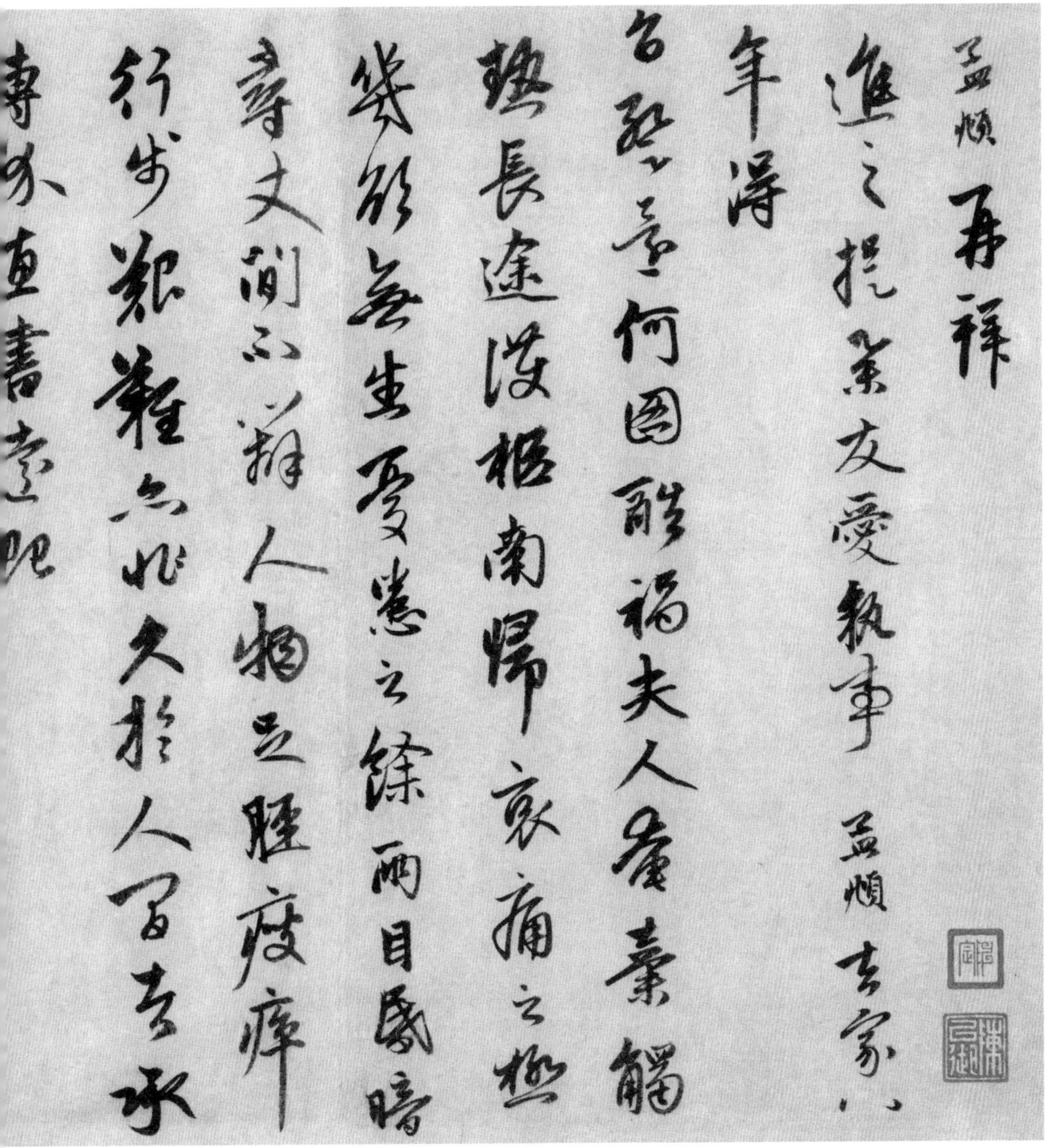

赵孟頫行书《还山帖》册页　台北故宫博物院藏

中峯大和上老师　弟子趙孟頫和南拜上　謹封

弟子趙孟頫和南再拜

中峯大和上老师　侍者　昨以中違山学之

員字陳敘下情兗承家上人下訪特蒙

直書審呂曰

道骵膌另濠用力玉又知以中十七日方

尚天目二謂普度切德此乃笑喜郎公

必沒内之偶日刷未敢究临可以上

覃耳

昨以中还山，草草具字，陈叙下情，兹承嘉上人下访，特蒙惠书，审即日道体胜常，深用为慰。又知以中十七日方登天目，所谓普度功德，此乃先妻愿心，必须为之，但日期未敢定，临时又当上禀耳。海印虽有登山之约，然亦未可必，外承指示，卅年陈迹，宛若梦幻，此理昭然，夫复何言。但幻心未灭，随灭随起，有不能自己者，此则钝根所障，亦冀以渐消散耳。圆觉经尚有三章未毕，一得断手，便当寄上，又恐字画拙恶，不堪入板，然唯师意。秋暑不欲久滞，嘉兄惭此具复，余唯尽珍重理，不宣。孟頫和南再拜 中峰大和上老师侍者，廿三日。

《丹药帖》（《雨后渐凉帖》，延祐六年）：

中峰大和上师父尊者。弟子赵孟頫和南拜覆谨封。

弟子赵孟頫和南拜覆 中峰大和上尊者尊前：

孟頫近者拜书谢丹药之惠，言不尽意，想蒙深察，雨后渐凉，山中气当已寒，伏惟道体安隐。孟頫自先妻云亡，凡事罔知所措，幸得雍子种种用力，稍宽燋烦。两日来觉眠食粗佳，但衰年无绪，终是苦恼。小儿时去东衡营治葬事，略有次第，择九月初四日安厝，势在朔旦日起灵，区区欲躬诣丈室，拜屈尊者为先妻起灵掩土，亦想师父寻常爱念之笃，勤勤授记。先妻于师父所言所惠字所付话头，未尝顷刻忘，今日至此，实是可怜。师父无奈何，只得特为力疾出山，庶见三生结集，非一时偶然会合之薄缘耳。弟子本当亲去礼拜，而老病不可去，欲令小儿去，又以丧葬事繁萃于此子，又去不得，故专浼月师兄代陈下情，唯师父慈悲必肯为弟子一来，若蒙以他故见拒，则是师父于亡妻不复有慈悲之念，而有生死之异也，孟頫复何言哉。临纸不胜哀痛，涕泣俟望之至，不备。八月廿二日。弟子孟頫和南拜覆 中峰大和上尊者尊前。

《入城帖》（《千江入城帖》，延祐七年）：

中峰和上老师侍者。弟子赵孟頫和南拜上谨封。

孟頫和南拜覆　中峰和上老师侍者：

孟頫千江入城，得诲帖，知杖锡以篮舆入山益深，闻之，甚为惊叹，顷时时有人持法语见过，每以人不识好恶，与从孟頫求书者无异，是与不是，必要满幅盈卷，问其所以，莫知好处安在，徒使人终日应酬，体疲眼暗，无策可免，虽吾师道大语妙，不可以此为比，然其疲于应接，亦岂不然耶。和上既已入山，在孟頫辈便未有望见顶相之期，为之怅然，殆不容说，又先妻无恙时，曾有普度之愿，满拟和上一到东衡，为了此缘，今既不然，只得请千江主其事，若其他人，孟頫殊不委信，想和上亦已为然耶，闻有便，草草具覆，临纸不胜驰情之至，山深林密，地多阴湿，唯冀珍重珍重，不宣。弟子赵孟頫和南拜覆。四月十二日。

《先妻帖》（至治元年）：

孟頫和南拜覆　中峰和上老师侍者：

孟頫近为先妻再期，讬千江达下意于尊前，伏蒙慈悲，俾千江代作佛事，既而以中闻奉命远访，过蒙香奠，既已白之神主前矣。所有斋仪之惠，孟頫寻常蒙老师哀怜，拜赐不一而足。今若又拜受，实是惶愧，谨附以中归纳，切告矜察，此番幸得缘事周圆，愿心不负，又谢老师特为修设，佛无妄语，先妻必然有超度之望，无非皆出老师之恩。孟頫伏楮，不胜悲感之极，百冗作字不谨，时暑，惟冀珍重。不宣。弟子赵孟頫和南拜覆，五月十一日。
中峰和上老师。弟子赵孟頫和南拜覆，谨封。

通过这些称呼，我们可以清楚地看到，不管赵孟頫是否有前妻，也不管管道昇究竟是正妻还是妾，这一对夫妇的感情，始终可以称得上"甚笃"二字。

师父两言两直字而付话头未尝顷刻忘々

日至此实已可懍

师父无奈何只得特为力疾出山亲见

三生结集非一时偶尔会合之善缘耳

弟子本当亲来礼拜而老病不可支吾

自小怯弱又以衰迈事繁萃于此子又

玄不得故专凭月师兄代陈下情惟

师父慈悲岂肯为弟子一来苦蒙

以他故见拒则是

师父于亡妻不复有怜悯之心而有生死

之异也盖顺复何言业临承不胜哀痛涕

泣俟望之至不备八月廿二日弟子孟頫和南稽首

中峰大和上尊者尊前

赵孟頫行书《丹药帖》册页　台北故宫博物院藏

弟子趙孟頫和南拜覆

中峯大和上尊者尊前　孟頫上者拜書謝

丹藥之惠言不盡意想蒙

深察雨後漸凉山中氣當已寒伏惟

道體安隱孟頫自先妻云亡凡事罔知所措

幸得雜子程用力稍寬雄頫兩日来賣

眠食粗佳但裏年無緒終是忉怛小吷

叮玄東衡營治葯事明有次第擇九月

初四日安厝勢在朝旦起靈匶～從聊治

文室拜履

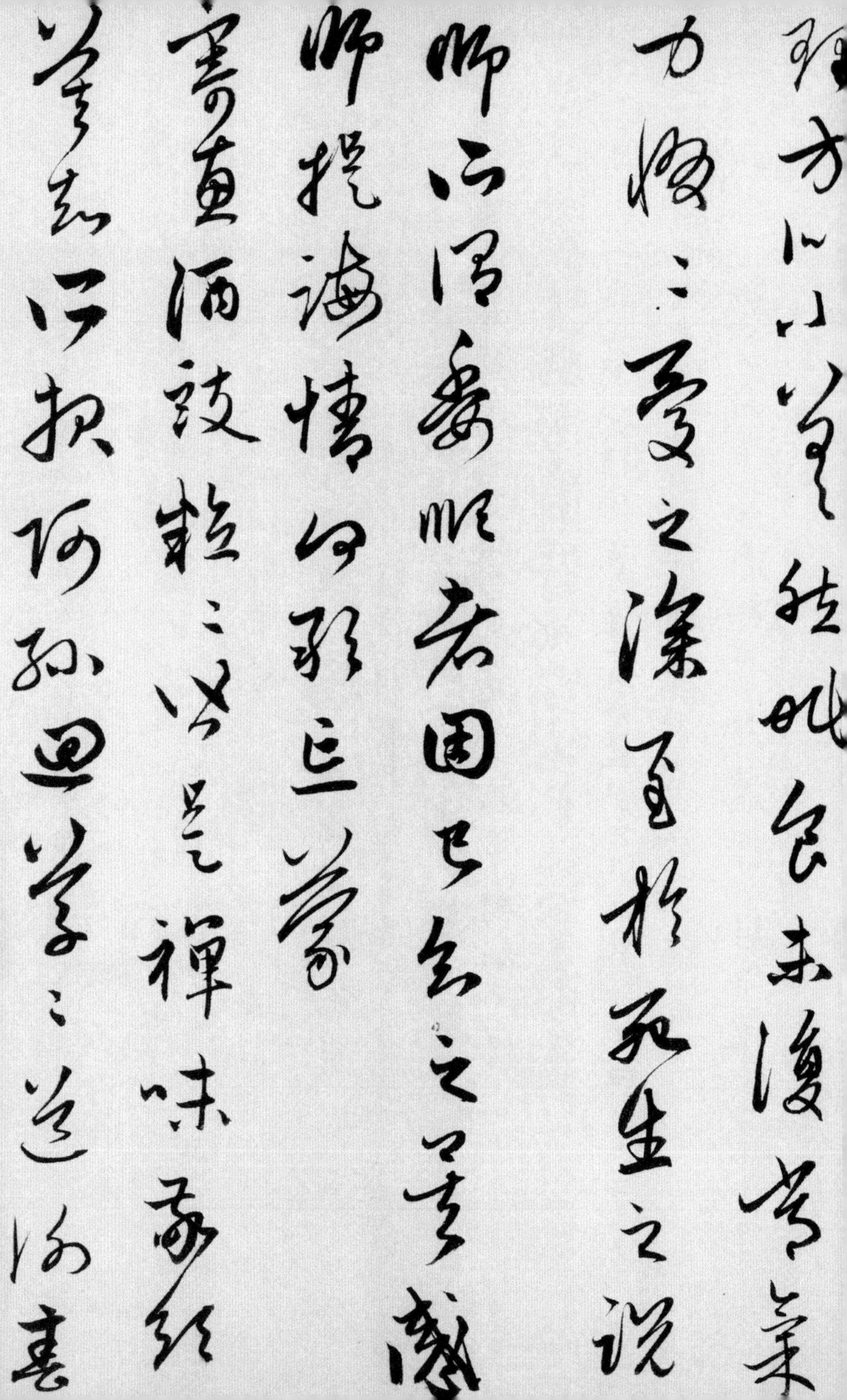

赵孟頫之书，可谓元之翘楚。他不仅恢复了宋以来受挫的古法，还扭转了悠肆求怪的偏执现象，开启了新的发展天地，使经历了南宋一个半世纪沉寂衰颓的书坛，在元代焕发出新的生机。赵孟頫在正、行、草等方面均有所成，其楷书被称为"赵体"，与欧阳询、颜真卿、柳公权并称"楷书四大家"。《元史》本传中称他"篆、籀、分隶、真、行、草书，无不冠绝古今"，并非虚誉。

自 20 世纪 30 年代以来，有关赵孟頫的研究成果非常多，但这些成果中关于书法艺术的专门研究较之绘画研究，可谓少之又少。涉及赵孟頫书法艺术的研究，上个世纪三、四十年代有冼玉清《元赵松雪之书画》、马宗霍《书林藻鉴》和祝嘉先生的《书学史》，三文均以积累史料为主，而疏于逻辑论证，但其资料之翔实，为后来者大开方便之门。上世纪 50 至 70 年代，潘伯鹰先生曾著《中国书法简论》中专立"赵孟頫"一节，对赵孟頫的书法进行了简要的论述。其他如日人神田喜一郎、外山军治，台湾学者王壮为、张光宾等，则就赵书的师承以及风格流变做了大量的考鉴。80 年代，国内掀起"书法学习热潮"，相关的理论研究也随之繁荣，国内学者如启功、徐邦达、王连起、刘九庵、任道斌、刘龙庭等以多角度的视角，对赵书进行了全面系统地研究，取得了相当可观的成绩。

90 年代至今是赵孟頫书法研究的高峰期，尤其是在 1993 年 10 月举办了"赵孟頫国际书学研讨会"，"使人们正确认识赵孟頫的书法艺术成果和加深对赵孟頫书学的理解，有效地推动了对赵孟頫研究的深化"。[1] 近年来，学界对于赵书之关注，内容广泛，主要涉及书法成就、书法师承、书迹考辨、书学思想、历史地位和影响等各个方面。

要对赵孟頫书法进行系统化的论证和阐述，可谓是一件不小的工程。但万物必先究其根本，探其源头，而后一观究竟。所以，本文将先赵孟頫的师承作为一个研究问题来进行尝试阐述，而后以书法种类为分纲，对赵书进行一一研究。

---

[1] 丁正《千古人物，时代盛会——赵孟頫国际书学研讨会述评》，载《中国书法》1994 年第 1 期，58 ～ 59 页。

赵孟頫书法的师承

关于赵孟頫早年的求学经过，目前资料很少。现在仅能从其他记载略知一二。赵孟頫之父赵与訔（1213～1265），在南宋一直担任官职，初以祖荫任饶州（江西）司户参军，其后历任盐官多次，浙江提刑司干办公事，除知萧山县、通判临安府，监三省枢密院门、太府寺丞、知嘉兴府等。孟頫生于1254年，时其父差主管建康府崇禧观，故可能赵孟頫生于建康（今南京）。赵氏家口众多，有子八人，女十四人，虽年龄各异，且有婚嫁者，但在家人口仍甚多。兄弟姐妹既多，又是皇族，必定延师在家指导。

有关赵孟頫的早期教育，仅得两种记载，一是赵孟頫所撰《隆道冲真崇正真人杜（道坚）公碑》内云："孟頫粤从髫岁，夙慕高标。先君将漕于金陵，真人假馆于书塾，携持保抱，缘契相投。"[1]这也就是说孟頫早年曾居金陵，并入书塾。大概是其幼年之时。另一记载是"松雪微时，尝馆于嘉定沈文辉、沈方营义塾"。[2]此项未指明何时，而赵与訔似未曾至嘉定任官，沈文辉其人亦无传可寻。故以上两种均有可能。

此外，明王肯堂《郁冈斋笔尘》亦有云："赵承旨子昂，少于朱家舫斋学书，旧迹犹存。"这应是指他少年时期，专心学书法时经历之训练。

1265年，赵与訔去世。杨载所撰之《行状》内云："生母丘夫人，董（督）公使为学曰：'汝幼孤，不能自强于学问，终无以觊成人，吾世则亦已矣！'语矣，泪下沾襟。公由是刻厉，昼夜不休。性通敏，书一目辄成诵。未冠试，中国子监。"[3]《元史·本传》亦本此，并加注："为文操笔立就。"[4]赵孟頫除得父亲之教导之外，亦曾受母亲之督促。

孟頫丧父后两年，即1267年，年仅十四岁即以父荫补官。大概最初多在临

---

[1] 《松雪斋文集》卷九。

[2] 明·董斯张《吴兴备志》卷二十九，14页。

[3] 元·杨载《行状》，《松雪斋文集》附录，四部丛刊本。

[4] 《元史·本传》，《元史》，卷一百七十二《列传》卷五十九。

安一带。1274 年调真州（今江苏仪征）司户参军。至 1276 年春，元将伯颜大军入临安止。其后赵返祖籍吴兴，专心读书。当时孟頫年方二十三岁，《行状》云：

> 皇元混一后，闲居里中，丘夫人语公曰："圣朝必收江南才能之士而用之。汝非多读书，何以异于常人？"公益自力于学。[1]

这又点明他母亲对其学力之影响。

当时在吴兴，以老儒敖君善之学问最为高深。孟頫拜敖为师，学问大进。《行状》又云：

> 时从老儒敖继公质问疑义，经明行修，声闻涌溢，达于朝廷。

按：敖君善，字继公，福建长乐（今福州）人。其先迁居乌程，故寓居湖州。筑一小楼坐卧其中，冬不炉，夏不扇，出入进止皆有常度。日从事于经史，初为定成尉，以父任当得京官，让于弟。寻多擢进士，对策忤时相，遂不仕。吴下名士从之游者甚众。赵孟頫、钱选以及名儒倪渊等，皆出其门。高克恭（一作高显卿）任浙西平章政事时（约 1297～1301 年之间）荐之于朝廷，授信州（江西）教授，命下而卒，著有《仪礼集说》二十卷。[2] 吴兴当时有所谓"吴兴八俊"者，包括赵孟頫、钱选、牟应龙、萧何、陈无逸等。这八人可能大部分是敖的学生。虽然有年长如钱选者，比赵孟頫大十五岁左右，或有如牟应龙者，是湖州大儒牟巘之子，其中当以赵孟頫的学问为个中翘楚。张羽《静居集》有云：

> 吴兴当元初时，有"八俊"之号。盖以子昂为称首。而舜举与焉。

---

[1] 元·杨载《行状》，《松雪斋文集》附录，四部丛刊本。
[2] 《嘉兴湖州府志》，卷四，3 页；《同治湖州府志》，卷三，7 页；《吴兴掌故集》（万历版），卷三，11 页。

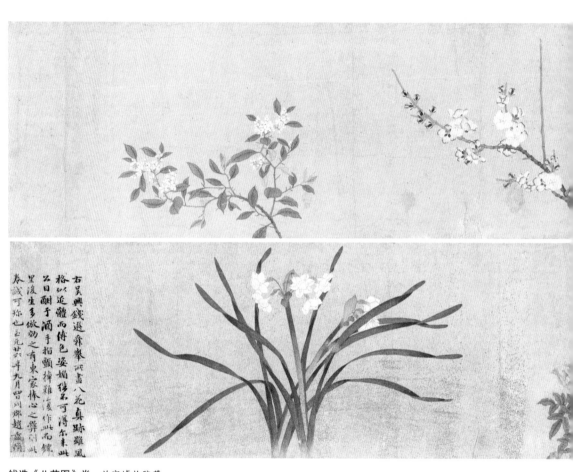

钱选《八花图》卷　故宫博物院藏

赵孟頫于 1287 年在大都所作的《送吴幼清南还序》中，曾提到敖君善，称其为"吾师"，其他六人则称之为"吾友"。因此可知，敖与赵的关系是十分明确的。赵居吴兴期间，治《尚书》，作《古今文集注》，大概就是受了敖的影响，可惜这些书今都不存。赵序则收于《松雪斋文集》第六卷内。

赵孟頫一生中最尊敬的老师，大概就是敖君善。这也是中国过去的传统，最重视教授经史的老师，教授书画或其他技艺的则没有那么重要。根据中国之传统，人们对于一些僧道也十分尊重。赵孟頫对于即为方外者也称为"老师"。方外之中，年纪较长而被称为师的是温日观。温字仲言，法名子温，号知非子，华亭人。宋亡，出家萍游四方，至杭州玛瑙寺为僧。擅草书，以水墨画葡萄自成一家。赵孟頫曾题其《葡萄卷》中有"日观老师作墨葡萄"之语，以此跋而论，赵孟頫之称温为师，或许是因为曾随温学过一些佛法。因为，温在宋亡后才出家，故赵随侍他也应该在宋亡之后。至于是否随他学画，因赵画中甚少见葡萄题材，故不敢妄语。也许是在当时对儒释道都相当尊敬，赵也因此特别称温为"老师"了。

另一位被赵称为老师的，是道士南谷真人杜道坚（1239～1318）。杜为当涂采石人。年十四，得异书于异人，决意为方外游。宋度宗时赐号辅教大师，往武康昇元报德观，遂成为道教正一教之重要人物。元军南渡，庶黎涂炭，真人冒矢石叩军门，为民请命。元将伯颜厚待之，并送之大都，觐见世祖。因此，他也是南方正一教北上之第一人。上书言求贤、养贤、用贤之道。帝嘉纳之，命主持杭州宗阳宫。大德七年（1303 年），授杭州路道录教门高士。仁宗赐号"隆道冲真崇正真人"，依旧主持杭州宗阳宫，兼湖州计筹山昇元报德观、白石通玄关真人。以此常往来于杭州、吴兴之间，与赵孟頫时有见面。又于吴兴通玄观建揽古楼，聚书数万卷。著有《老子原旨》及《原旨发挥》《关尹阐玄》等书，数十万言，皆理造幽微，文含浑厚。读之者知大道之要；行之者得先圣之心。赵孟頫为作《隆道冲真崇正真人杜公碑》，内云："孟頫粤从髫岁，凤慕高标。先君将漕于金陵，真人假馆于书塾，携持保抱，缘契相投。云将拜鸿蒙为师，缅怀维旧；太白为紫阳铭墓，援笔何辞。"[1]

---

[1] 《松雪斋文集》卷九，四部丛刊本。

由此可见，赵孟頫和杜道坚的关系相当密切。杜较赵年长二十岁，与赵父相熟识，学问渊博，在元初道教中地位甚高。《式古堂书画汇考》还载有《赵集贤南谷二帖》[1]，也说明了他们之间的感情。此外，赵孟頫的一位好友任松乡，曾为杜撰《通元观记》，亦提及两人的关系：

> 道坚师有道之士。吴兴赵公实与之游，执弟子礼。以此知松雪于处逸道契相合，曾来自白石崖，其留题亦当在大德间也。[2]

从这些资料来看，赵孟頫大概受益于杜道坚的道家思想不浅。

另一位方外，对孟頫有重大影响，而被他称为"老师"的是中峰明本禅师（1263～1323）。在年龄上，其实中峰比赵年轻得多，小了九岁。他本姓孙氏，钱塘人。十五岁时决志出家，想系元军入临安之后，其个人对当时环境的反应。他先往天目山从高峰原妙禅师（1238～1295），甚受器重，道法日高，声誉渐隆，诸公请往山开法，皆坚辞避之。至元间（1294年之前），爱吴兴牟山幽寂，可栖禅，遂创庵名幻住。与赵子昂交，赵尊之为师。

中峰弟子祖顺于1324年所撰之《中峰和尚行录》，载下列一事，时为1303年：

> 时吴兴赵公孟頫，提举江浙儒学，叩师心要。师为说防情复性之旨。公后入翰林，复遣问金刚般若大意，师答以略义一卷。公每见师所为文，辄手书，又画师像，以遗同参者。[3]

其下又载1318年事：

---

[1] 清·卞永誉《式古堂书画汇考》卷十六，文渊阁四库全书本。
[2] 清·陆心源《吴兴金石记》，卷十五。
[3] 元·祖顺《中峰和尚行录》，《天目中峰和尚广录》，卷三十。

赵孟頫行书《心经》册页（局部） 辽宁省博物馆藏

九月，上（仁宗）顾谓近臣曰："朕闻天目山中峰和尚道行久矣。累欲召之来，卿每谓其有疾，不可戒道。宜褒宠，旌异之。"其赐号佛慈圆照广慧禅师，并赐金襕袈裟。仍敕杭州路，优礼外护，俾安心禅寂。改师子禅院为师子正宗禅寺。诏翰林学士乘旨赵公孟頫撰碑以赐。[1]

---

[1] 元·祖顺《中峰和尚行录》，《天目中峰和尚广录》，卷三十。

由此可见，无论于公于私，赵孟頫对中峰都十分敬重。这种关系，在赵孟頫的书画上，所提到的资料也不少。例如《石渠宝笈》所载《元赵孟頫书苏轼古诗》，款云：

> 大德十年（1306年）十月初，余谒中峰老师，适他出。与我月林上人话及东坡次韵潜师之语，出纸墨索书一通，以为禅房清供。呵！呵！三教弟子赵孟頫记。[1]

另又有《中峰上人怀净土诗后系赞》云：

> 净土偈者，中峰和尚之所作也。偈凡一百八首，按数珠一周也。悯群生之迷途，道佛之极乐。或驱而纳之，或诱而进之，及其至焉，一也。弟子赵孟頫欲重宣此义而说偈。……延祐三年（1316年）岁在丙辰六月廿四日大都咸宜坊寓舍书。[2]

以上所录赵孟頫自称"三教弟子"者，实有其因。虞集尝题马远《三教图》卷云："近年吴兴赵公子昂，常称三教弟子。"[3]元朝士人画家中，自称三教弟子者不少，这是元朝宗教上的一种特殊现象，或许由于在变乱的时代中，儒士文人既因政治变动不得出仕，愤而出家为僧为道者不少。故道家之北方全真教与南方正一教都与儒家接近，提倡三教合一。儒教之禅宗与儒者接近，故不少儒士都自称三教弟子。黄公望、倪云林都是其中代表者。

至于书法方面的师承如何，一直缺乏完整的资料，陶宗仪《辍耕录》载《赵氏自题千字文》一卷云：

---

[1] 《石渠宝笈初编》卷三十，文渊阁四库全书本。
[2] 清·卞永誉《式古堂书画汇考》卷十六，文渊阁四库全书本。
[3] 清·卞永誉《式古堂书画汇考》卷十四，文渊阁四库全书本。

因思自五岁入小学学书，不过如世人漫尔学之耳……

可知赵孟頫自幼即有所师承，然其时已远，无从查究谁为其师了。因此元明清人对此则大加发挥，结论也颇多，大致观点如下：

与赵孟頫同时代的元人，在评论其书法艺术时，多涉及他的师承问题，如杨载《行状》中说："性善书，专以古人为法，篆则法《石鼓》《诅楚》，隶则法梁鹄、锺繇，行草则法逸少、献之，不杂以近体。"[1]

赵汸亦有叙述："汸往岁游吴兴，登松雪斋，闻文敏公门下士言，公初学书时，智永《千文》临习背写尽五百纸，《兰亭序》亦然。"[2]

论述较为详细而具体的当属虞集，他说："楷法深得《洛神赋》而揽其标，行书诣《圣教序》而入其室，至于草书，饱《十七帖》而变其形。"[3]

与元人分体阐述赵孟頫的书法师承不同，明清时大多与其书法风格的变迁联系起来，尤以宋濂的观点最具代表性，他说："盖公之字法凡屡变，初临思陵（宋高宗），后取则锺繇及羲献，末复留意李北海。"[4]另外在跋《子昂书浮山远公传》中也如是说。这种"三期说"对以后的影响非常大，如陈继儒也说："赵魏公书早年法思陵，既而师李北海。"[5]

清人亦多继承此论，并稍加发挥，如陈其锟云："集贤早岁瓣香思陵，笔力遒劲。晚乃与鲜于伯机同仿晋人，遂入二王之室。"[6]又跋《赵府君阡表卷》云："松雪书体三变：元贞以前尚沿思陵笔法，大德五年得独孤长老《定武兰亭》，始锐意追踪山阴，延祐而后参用李北海、诚悬法。"[7]吴荣光的说法与此类似："松

---

[1] 元·杨载《行状》，《松雪斋文集》附录，四部丛刊本。

[2] 元·赵汸《东山存稿》卷五《跋赵文敏公临东方先生画赞》，文渊阁四库全书本。

[3] 《式古堂书画汇考》卷十六《赵松雪临智永千文卷》虞集跋，文渊阁四库全书本。

[4] 明·汪珂玉《珊瑚网》卷八《赵书高上大洞玉经》，文渊阁四库全书本。

[5] 明·陈继儒《妮古录》卷二，黄宾虹、邓实编《美术丛书》初集第十辑，江苏古籍出版社，1997年版，626页。

[6] 清·孔广陶《岳雪楼书画录》卷二《宋元翰墨精册》，《续修四库全书》第1085册，上海古籍出版社，2002年版，67页。

[7] 裴景福《壮陶阁书画录》卷七《元赵松雪书赵府君阡表卷》，学苑出版社，2006年版。

雪书凡三变：元贞以前，犹未脱高宗窠臼；大德间，专师《定武禊序》；延祐以后，变入李北海、柳诚悬法，而碑版尤多用之。"[1]

同时，明清人对赵孟頫的书法师承与风格变迁的评论亦有异说，如解缙在《书学传授谱》中说："吴兴赵文敏公孟頫，始事张即之，得南宫之传，而天资英迈，积学功深，尽掩前人，超入魏晋，当时翕然师之。"[2] 而贝琼又提出了自己的观点："吴兴赵文敏公，少学山谷书，后学锺繇，又以古今莫过于二王，遂极力攻之。至其晚年，所进骎骎，龙跳虎跃之妙，盖得之心而应之手，不待观公孙剑器而至此也。论者谓其集众体之大成，亦岂过与？此帖乃与其侄某者，时为儒学提举，犹未除山谷气韵也。吁！公一代伟人，博学而多艺，非特翰墨之仿锺王而已。"[3]

清代顾复更与他人迥异，别出心裁："赵文敏初学李北海书，伯机诃之，令其从右军入手，遂临摹《淳化阁帖》，自此大进。"[4]

从以上元明清人的评说中，我们可以看到，他们大多把赵孟頫书法风格的变迁分为早、中、晚三期，且中期师法王羲之，晚期师法李邕，已达成共识。分歧最大的是其早年的师承，或宋高宗，或黄庭坚，或张即之、米芾，或李邕，莫衷一是。这"三期说"对以后的研究产生了很大的影响，大多跳不出这个框框。

今人的研究成果当中，还没有人对此进行过专门论述，仅散见于一些相关文章当中。最早进行讨论的当是日本的神田喜一郎，他认为赵子昂的书风可以说有三变，最初一变在四十岁前后，是以宋代高宗的书风为主；二变是在四十岁到六十岁前后，这一段时期潜心于追求王羲之的古法，时至至大三年（1310 年）从独孤长老手里得到了《定武兰亭》，这可以说是赵子昂的书风的一个极其重要的转机。最后的一变乃在晚年，这一时期，稍变古法，参以唐李邕、柳公权的笔

[1]　清·吴荣光《辛丑销夏记》卷三《元赵文敏书杭州福神观记卷》，《续修四库全书》第1082 册，上海古籍出版社，2002 年版，520 页。
[2]　明·汪珂玉《珊瑚网》卷二十四下《吉水解缙书学传授谱》，文渊阁四库全书本。
[3]　明·贝琼《清江文集》卷十三《金陵集·跋赵文敏帖》，文渊阁四库全书本。
[4]　清·顾复《平生壮观》卷四，《续修四库全书》第 1065 册，上海古籍出版社，2002 年版，285 页。

秋收冬藏閏餘成歲律呂

調陽雲騰致雨露結為霜

秋收冬藏閏餘成歲律呂

調陽雲騰致雨露結為霜

金生麗水玉出崑岡劍號

金生麗水玉出崑岡劍號

臣闕珠稱夜光果珍李柰

云花珠稱夜光果珍李柰

赵孟頫真草书《二体千字文》册页（局部） 故宫博物院藏

真草千文

集字千文

梁貟外散騎侍郎周興嗣次韻

吳興趙孟頫書

墨興堪玉媺書

梁貟外散騎侍郎周興嗣次韻

天地玄黄宇宙洪荒日月

盈昃辰宿列張寒来暑往

艺地玄黄宇宙洪荒日月

盈昃辰宿列張寒来暑往

龜吳巨宿而陛宇来莫住

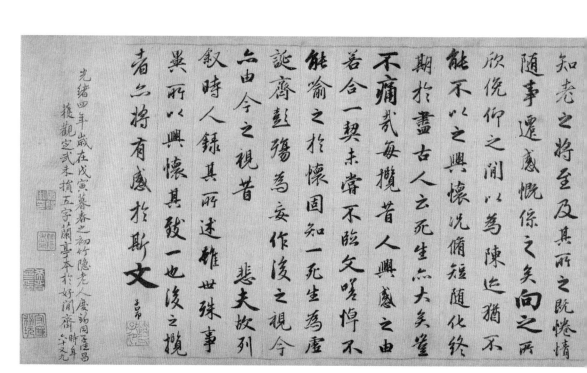

赵孟頫行书临《兰亭序》卷　故宫博物院藏

永和九年歲在癸丑暮春之初
于會稽山陰之蘭亭脩稧事
也羣賢畢至少長咸集此地
有峻領茂林脩竹又有清流激
湍暎帶左右引以為流觴曲水
列坐其次雖無絲竹管絃之
盛一觴一詠亦足以暢叙幽情
是日也天朗氣清惠風和暢仰
觀宇宙之大俯察品類之盛
所以遊目騁懷足以極視聽之
娛信可樂也夫人之相與俯仰
一世或取諸懷抱悟言一室之內
或因寄所託放浪形骸之外雖

法。[1] 很明显，神田氏的说法其实只是陈其锟说的"克隆"，没有新的见解，其中不同的是陈其锟将赵孟頫得到《定武兰亭》的时间搞混了，神田喜一郎仅将其改正过来而已。另外，日本外山军治的观点与此相同，此不赘述。国内的学者在研究赵孟頫书法的同时，或多或少的都涉及其师承问题，并对明清时的说法进行辨正，其中具代表性的有如下几篇：如黄惇《赵孟頫书法艺术论》一文中有"赵孟頫的学书道路"一节，在总结前人结论的基础上提出："其一生书法也大体可分为：初从赵构、智永，再入二王，中年以后则渗入李邕之法的三个阶段。不过这三个阶段，并非没有交错，其间又互有渗透，但基本上是这样一个顺序。"[2] 金鉴才《赵孟頫书法论》一文也辟有"赵书三变之经历"一节，总体还是没有脱离明清人的窠臼。[3] 而刘九庵《赵孟頫的书法》和王连起《赵孟頫及其书法艺术简论》等文先后对宋濂的说法提出质疑，认为这种分法"过于泛论而且没有先后区别和侧重"，所以"是不确切的"，"以此作为固定标准来衡量，那就会发生问题"。刘九庵先生认为大德五年（1301年）以前赵孟頫"主要是学隋僧智永、唐代褚遂良而上溯锺王的笔法"，中晚期则"趋向精益多师，博涉多优"，"被称谓的赵体风格也随之形成"，并提出大德七年之间赵孟頫就已经师法李邕，比所谓"延祐以后变入李北海"之说提前了十年。王连起先生首先对明清说法进行辨证，认为赵孟頫不可能学习米芾和张即之，同时赵孟頫初学智永，与高宗是殊途同归，而晚年除学李邕外，兼受张从申、柳公权的影响等。随后提出赵孟頫早年主要是学锺繇、智永、褚遂良、徐浩等人，而对二王下的功夫最深。[4]

综上我们看到，对于赵孟頫书法师承的研究虽取得了一定的成果，但也存在着问题，主要还是在方法上受明清人的影响，围绕着早、中、晚三期的说法打转转，其结果就是结论过于笼统，条理不清晰，未能真正解决问题。其实赵孟頫之

[1] 《书道全集》卷十七，日本平凡社，1932年版。

[2] 黄惇《赵孟頫书法艺术论》，载《全国第四届书学讨论会论文集》，重庆出版社，1993年版，136～156页。

[3] 金鉴才《赵孟頫书法论》，载《赵孟頫研究论文集》，上海书画出版社，1995年版，603～633页。

[4] 刘九庵《赵孟頫的书法》，载《书法丛刊》第10辑（1986年2月），4～6页。王连起《赵孟頫及其书法艺术简论》，载《故宫博物院院刊》1994年第2期，40～65页。

所以能够名扬后世，首先与他的“诸体兼善”分不开，而其各体的师承及风格的流变又各不相同，即使相同书体之间亦有区别，如小楷和碑版楷书、行书与尺牍、小草书与章草等，如果只简单地分为早中晚三期，其结论也容易以偏概全。另外，考察赵孟頫的师承，关键是要结合具体的、有代表性的作品进行分析，同时要对相关文献资料进行考证，分析赵孟頫在当时能够见到哪些古人名迹，分别对他的哪些书体造成了影响等等，把这些因素都综合起来，以书体为纲，再按作品时间顺序依次研究，才能得出令人满意的结论。

赵氏五体之风

赵孟頫作为一个大书法家，在真行草隶篆五体书法中都有擅长，而其小楷和行草则更为一绝。下面就其在五体书风中各自取得的成就进行阐述和研究。

真书

1. 小楷

赵孟頫自“少小爱作小字”[1]，对小楷用功最深，其师法也最广。赵孟頫小楷最早师法锺繇，“时学锺法，写君先墓石”[2]，“余往时作小楷，规模锺元常、萧子云”[3]，等等。这里所说的“写君先墓石”，即是指应鲜于枢之请为其父亲所写的《鲜于府君墓志铭》，原石已佚，《续三希堂法帖》中收刻，用笔、结字全法锺繇，虽未有明确书写日期，但我们根据赵孟頫同时期的墨迹也可以判定。如1287 年其所书跋王羲之《大道帖》与《志铭》风格相类，其中如“废”字中的“广”字头、“事”字的最后一笔不作钩而顺势向左下撇出以及横折、门字框等写法，与锺繇《贺捷表》极相似，因此可以判定他为鲜于枢所写的具有锺书笔意

---

[1] 赵孟頫《禊帖源流考小楷卷并信跋》，见《中国书法全集·赵孟頫卷一》，荣宝斋出版社，2002 年版，88 页。
[2] 《松雪斋文集》卷三《哀鲜于伯机》，四部丛刊本。
[3] 赵孟頫《禊帖源流考小楷卷并信跋》，见《中国书法全集·赵孟頫卷一》，荣宝斋出版社，2002 年版，88 页。

《鲜于府君墓志铭》当距此时不远。然而从墨迹来看，此时赵氏学钟亦仅是皮毛而已，未能登堂入室得钟书之古拙。同年书写的跋《曹娥碑》（1287 年）又与上帖风格不同，可能赵氏已认识到自己学钟的弱点，抑或是受所跋对象的影响，多是王羲之的笔意，其跋文曰："《曹娥碑》正书第一，欲学书者不可无一善刻，况得其真迹……"可知，此时赵孟頫的小楷就已经开始师法王羲之了。还有一点为研究者们所忽略，就是赵孟頫早期小楷还师法姜夔。姜夔精于楷书，尤工小楷，从现存的《兰亭考》《兰亭序跋》等墨迹来看，他的小楷以二王为师，点画瘦劲，结体安详。袁桷曾说："乙酉岁，余见今翰林承旨赵公子昂于杭，于时爱尧章《书谱》，手之不释。逾三十年，赵公小楷妙天下，是盖脱其形似而师其神俊。"[1] 袁桷与赵孟頫交往甚深，其说可信。"乙酉岁"即至元二十二年（1285 年），说明此时赵孟頫就对姜夔的小楷已用功临摹，达到手不释卷的程度，并且对其晚年小楷风格的形成也有很大影响。明丰坊《书诀》中也说："姜夔字尧章，鄱阳人，号白石。书宗王右军。赵孟頫师之。"[2] 另外元代顾善夫所刻《乐善堂帖》中除前面收刻赵孟頫书法之外，还收刻了"名贤法书"三卷，其中姜夔的楷书就占了两卷，并且在《兰亭考》后还刻有"赵氏子昂"朱文印一方，说明这些姜夔的书作多为赵孟頫所藏，同时也表明赵孟頫对姜夔书法的青睐。

在此之后，其小楷在风格上则有了明显的变化，1289 年所书的小楷《禊帖源流》尤为突出。该帖一改原本结体扁方而为修长，撇捺伸展，飘逸多姿，兼用行书笔法，尤其在捺笔及折笔处，已无钟书古拙意趣。有论者以为此卷"笔意古拙""以古质取胜"，不确。在该卷的落款中，赵孟頫说明当时的创作环境是："尔来宦游，无复有意兹事，兼北方多风尘，不宜笔研，而客中又乏佳几，此纸虽出高丽，亦非良品，偶今日雨后，风尘少息，拳曲土炕上，据白木小卓（桌），聊复书此以应野翁之命，孙过庭所谓乖作者也。"无论是环境、纸笔、心情，都不是作书的最佳境况，赵孟頫对此作并不满意，其中所显露出的"古意"，乃是纸笔不调所造成的假象而已。是卷表明，此时的赵孟頫已经有意识地撇开钟繇的由

---

[1]　元·袁桷《清容居士集》卷五十《书李巽伯小楷梦归赋》，文渊阁四库全书本。
[2]　明·丰坊《书诀》，文渊阁四库全书本。《历代书法论文选》当中亦收录《书诀》，但未全录。

隶到楷的过渡型书体，而趋向于二王一系的楷书，亦可见其书学思想、审美趣尚也在不断变化。傅申先生曾说赵孟頫在1291年以前的小楷，犹多重锺繇、萧子云的笔意，[1]当是受赵孟頫之言所限，有些偏颇。

至元二十八年（1291年）以后，其小楷师法则以二王小楷为主。对王羲之的《黄庭经》《乐毅论》《东方朔画赞》等都用功临习，如是年就有临《黄庭经》一卷，吴其贞评曰："后临王右军小楷《黄庭经》一篇，书法圆健，风神潇洒，不下于刻本。文衡山谓松雪楷书直接右军衣钵，诚非虚誉。"[2]赵孟頫在跋临写的《东方朔画赞》时也说："右军小楷存于代者，唯《乐毅论》《黄庭经》及《东方画赞》耳。余深爱此墨本《画赞》，笔意清古，思齐有此。"[3]又为好友石民瞻所书的小楷《过秦论》，也是"与前微不同，年事笔力日进"，"其结体妍丽，用笔遒劲"，"全法右军者，风格整暇，意度清和"。[4]同时赵孟頫又倾心于王献之的《洛神赋》，并认真研讨，反复临摹。据现存史料可知，赵孟頫藏有《洛神赋十三行》的拓本，但已是延祐七年（1320年）[5]，距其卒仅二年，故有学者认为他晚年小楷才师法《洛神赋》，似乎不妥。他在至元二十六年（1289年）给友人王子庆的一封信中提道："若今子弟辈，自小便习二王楷法，如《黄庭》《画赞》《洛神》《保母》等帖，不令一毫俗态先入为主。"[6]可见在当时二王的小楷法帖已为初学书者的普遍范本，也即是说二王法帖在当时是比较容易见到的，因此赵孟頫在此时或稍晚即以《洛神赋》为师法是完全有可能的。黄惇先生认为此时赵孟頫的小楷是以师法东晋杨羲《黄素黄庭内景经》为主，[7]似尚待考证，因为此帖藏于鲜于枢之手，

---

[1] 傅申《赵孟頫书小楷常清经及其早期书风》，载《赵孟頫国际书学研讨会论文集》，上海书店，1994年版。

[2] 清·吴其贞《书画记》卷三《赵松雪炼液图纸画一卷》，上海人民美术出版社，1963年版，295页、53页。这里傅申先生将时间界定到1291年，似为不妥。应以《跋曹娥碑》《跋王羲之大道帖》二帖为界，即1287年审为适当，因此后的小楷已有明显改变，不再具有锺繇笔意。

[3] 明·李日华《六研斋笔记》卷四，文渊阁四库全书本。

[4] 明·张丑《清河书画舫》卷十下《赵荣禄小楷过秦论真迹》仇远、倪瓒、姚安道等人跋语，文渊阁四库全书本。

[5] 《松雪斋文集》卷十《洛神赋跋》，四部丛刊本。

[6] 《书法丛刊》第29期《宋元名人诗笺册》。

[7] 黄惇《赵孟頫书法研究二题》，《书法研究》总第124期，39～53页。

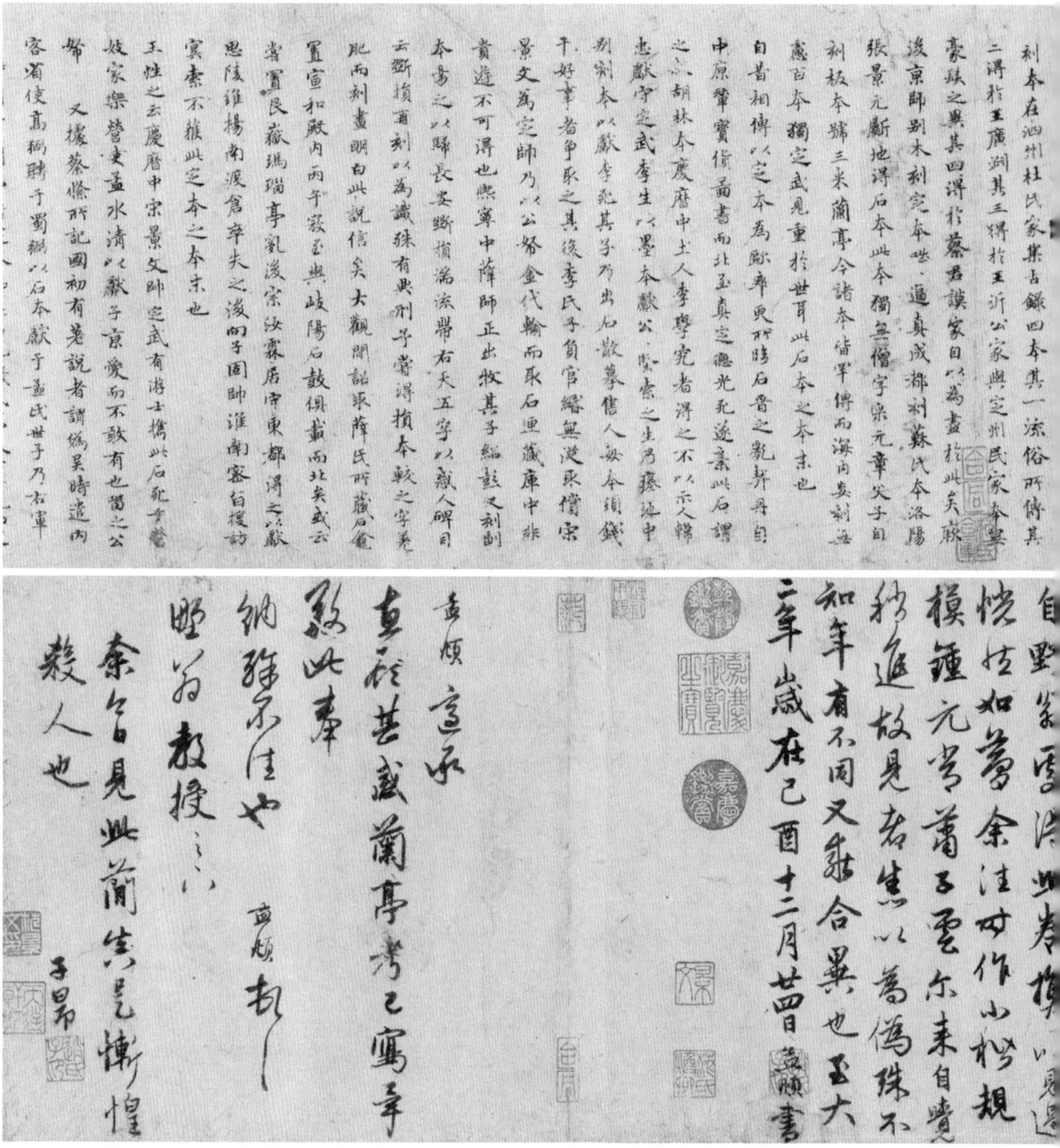

赵孟頫楷书《禊帖源流》卷　台北故宫博物院藏

蘭亭真蹟隱臨本行于世臨本行于世何迄本少石本行于世石本雜定

武本行于世何迄之說云右軍書此時乃有神助庭醒後
它日更書數十百本終無枚模於書右軍二句自珍愛此書
付子孫傳寶至七代孫智永禪師光付弟子辯才太宗
敕不得乃遣監察御史蕭翼以計取之衣宗牧獺裝
昭陵及唐末沒福溫韜陪其所藏書皆別出采裝
軸金玉而棄之而是觀晋人来諸賢墨蹟遂遭流落
人間藍欄蘭亭上吳前軍之言云尓又微芸云靖
康中有得蘭亭真蹟者詣關蘇之年遘而京城破後
不知所在此真蹟之本末也

黃劉錄傳記與延之不同劉謂粱蜕出在外陳天嘉
中為永殊得太達中蘇之隨平陳或以獻晋三即揚
帝不知賣僧智果借搨因不還果死弟子辯才得之
太宗見搨本甚喜使歐陽詢未洋之以武德六年入
秦王府高宗以蘭亭蕑靜本太宗沒入武德六年文
蕑字上又有一餐字當是姚察如此則劉說然可信然
僧字調行間僧字為徐僧虔
随吳傳搨家古石本
粱武帝收右軍帖二百七十餘軸當時惟言黃庭樂毅
太宗既得真蹟乃命供奉搨書人趙模韓道政馮
承素諸葛貞四人各搨數本以賜皇太子諸王近臣
如歐陽率更史褚河南臨搨者曾臨搨傳之本朝者
蘇朝元家所藏褚河南臨褚河南臨搨傳之本朝者
李後主徐鉉題者唐偏目所臨亦所藏者之卿潤也
朱氏者諸葛貞所搨者也周越以所藏者唐粉蠟紙搨本也藏頗年亦嘗
朱喺歐胡永以所藏者唐粉蠟紙搨本也藏頗年亦嘗

余二十年前為郎兵曹野處
馮哭都下永余書蘭亭考

右曰石先生蘭亭考一卷予先德琳有此嘉蹟
謂石歸御府時薛氏父子憲欲取之以三重紙拓既不
野翁自江東抄得携来京師且以此序需子作
小楷予自少小愛作小字尓未官游無後有意為
洛陽新地本但手大十餘字以定本較之其下乃
專尚定之本之重目山俗始追見劉請御出學易所藏
知前輩所見者博矣嘉泰壬戌十月八日番易姜夔免章

芝陵之說略備作此序而客中又乏佳几
一石但紙有精粗石有燥濕墨有濃淡故尓然有鋒
芝陵角為上若五字不損乃明豐度前本尤為可貴戒
享薦北方多風塵不宜筆所而客中又乏佳几
此紙雖出高麗亦非良品偶今日雨後風塵少息
舉曲土坑上擱白木小卓卿漫書此以應野翁
之命孫過庭两謂乖作者也吳興趙孟頫藏

在時剡於蘭亭定本即此石也鐵氏末天下一統而定
定武富民好事者厚以金幣徳會徳次公侍郎孫次公侍郎之反後戶籍次
官固置諸定師使坐壁開孫次公侍郎定白有留納
其石集中則又剡石而還之薛或謂石歸薛氏末知稚
非古矣乃更承薛氏入御府此石之異同也
蘭亭之說略備作此石入御府此石之異同也

氣致靈根中有真人巾金巾負甲持符開七門此非枝
葉實是根晝夜思之可長存仙人道士非可神積精所
致和專仁人皆食穀與五味獨食大和陰陽氣故能不
死天相既心為國主五藏王受意動靜氣得行道自守
我精神光晝日照～夜自守渴自得飲自飽經應六
府藏卯酉轉陽之陰藏於九常能行之不知老肝之
為氣調目長羅列五藏生三光上合三焦道飲嚥神明
神魂魄在中央隨鼻上下知肥香立於懸雍道神明
伏於老門侯天道近在於身遺自守精神上下開分
理通利天道長生草七孔已通不知老遺坐陰陽天門
侯陰陽下于龍蹲通神明過華蓋下清且涼入清冷
淵見吾形其成還丹可長生下有華蓋下動見精立於明
堂臨丹田將使諸神開命門通利天道至靈根陰陽
列斧如流里肺之為氣三焦起上眼伏天門侯故道關
下于龍蹲何落～諸神皆會相求索下有絳宮紫華
色隱在華蓋童子調利精華調髮齒顏色潤澤不復白
除耶其成還歸與大家至於胃管道盧無關塞命門
如玉都壽專萬歲將有餘脾中之神舍中宮上上伏命
門含明堂通利六府調五行金木水火土為王日列宿
張陰陽二神相得下王英五藏為主腎最尊伏於大陰
藏其形出入二竅舍黄庭呼吸廬閒見吾形強我筋骨
血脈盛悅惚不見過清靈恬憺無欲遂得生還於七
門飲大淵溉我玄雍過清靈問我仙道與奇方頤載
白素距丹田沐浴華池生靈根被髮行之可長存二府
相得開命門五味皆至開善氣還常能行之可長生

永和十二季五月廿四五山陰縣寫

孟頫

赵孟頫楷书临《黄庭经》卷　故宫博物院藏

黄庭经

上有黄庭下有关元前有幽阙后有命门呼吸庐外出
入丹田审能行之可长存黄庭中人衣朱衣关门壮籥
盖两扉幽阙侠之高巍巍丹田之中精气微玉池清水上
生肥灵根坚志不衰中池有士赤朱横下三寸神所居
中外相距重闭之神庐之中务修治玄膺气管受精符
急固子精以自持宅中有士常衣绛子能见之可不病横
理长尺约其上子能守之可无恙呼翕庐间以自偿保守
兑坚身受庆方寸之中谨盖藏精神还归老复壮侠
以幽阙流下竟养子玉树

至道不烦不旁迕

灵台通天临中野方寸之中至关下玉房之中神门户
既是公子教我者明堂四达法海员真人子丹当我前
三关之间精气深子欲不死修昆仑绛宫重楼十二级
宫室之中五采集赤神之子中池立下有长城玄谷邑长
生要眇房中急弃捐摇俗专子精寸田尺宅可治生系
子长流心安宁观志流神三奇灵闲暇无事修太平
常存玉房视明达时念大仓不饥渴役使六丁神女
谒闲子精路可长活正室之中神所居洗心自治无敢
污历观五脏视节度六腑修治洁如素虚无自然道
之故物有自然事不烦垂拱无为心自安体虚无之居
在廉间寂寞旷然口不言修和独立真人坚修身自然持玉蒂
潔女存作道优游身独居扶养性命守虚无恬淡
无为何思虑羽翼以成正扶疎长生久视乃飞去五行
参差同根节三五合气要本一雌与共之斗日月抱珠
怀玉和子室子自有之持无失即欲不死藏金室出月
入日是吾道天七地三回相守升降五行一合九玉石落是
吾宝子自有之何不守心晓根蒂养华采服天顺地
合藏精七日之奇吾连相舍崑崙之性不迷误九源之
山何亭亭中有真人可使令蔽以紫宫丹城楼侠以日月

其神既驚其神即著萬物既著萬物即生貪求既生貪求

即是煩惱煩惱妄想憂苦身心便遭濁辱流浪生死常沉

苦海永失真道真常之道悟者自得得悟之者常清靜矣

太上老君說常清靜經

仙人葛玄曰吾得真道曾誦此經萬遍此經是天人所習不傳

下士吾昔受之於東華帝君東華帝君受之於金闕帝君

金闕帝君受之於西王母皆口口相傳不記文字吾今於世書

而錄之上士悟之昇為天官中士悟之南宮列仙下士悟之在

世長年遊行三界昇入金門

左玄真人曰學道之士持誦此經萬遍十天善神衞護其

人玉符保身金液鍊形形神俱妙與道合真

正一真人曰家有此經悟解之者災障不生眾聖護門神

昇上界朝拜高尊功滿德就想感帝君誦持不退身騰

紫雲

水精宮道人書

赵孟頫楷书《太上老君说常清静经》卷 （美国）弗利尔美术馆藏

太上老君說常清靜經

老君曰大道無形生育天地大道無情運行日月大道無名
長養萬物吾不知其名強名曰道夫道者有清有濁有動有
靜天清地濁天動地靜男清女濁男動女靜降本流末而
生萬物清者濁之源靜者動之基人能常清靜天地悉皆
歸夫人神好清而心擾之心好靜而欲牽之常能遣其欲
而心自靜澄其心而神自清自然六欲不生三毒消滅所以
不能者為心未澄欲未遣也能遣之者內觀其心心無其心
外觀其形形無其形遠觀其物物無其物三者既悟唯見於
空觀空亦空空無所空所空既無無無亦無無無既無湛
然常寂寂無所寂欲豈能生欲既不生即是真靜真常應
物真常得性常應常靜常清靜矣如此清靜漸入真道既
入真道名為得道雖名得道實無所得為化眾生名為得道
能悟之者可傳聖道

赵孟頫曾为此题跋，其后是否归赵所有，不可探究，如果仅有一面之缘的话，其影响也不会太大。

如果说这一时期赵孟頫的小楷还处于探索阶段的话，那么到大德末年，已经逐渐定型，如书于大德八年（1304 年）的跋周文矩《子建采神图》、大德九年（1305 年）的《高上大洞玉经》等，笔意流动，结体舒展流丽，于姿媚中颇显纵逸，形成了自己的风格特点，其后的小楷虽然又融入了唐人楷法，法度谨严，备极楷则，但大体不出此风格。还有一点需说明的是，赵孟頫中晚期的小楷也并不仅限师法二王，文嘉称"至其晚年，乃专法二王，自右军《黄庭》、子敬《十三行》之外，不杂他人一笔"，[1]太过绝对。赵孟頫一生写小楷道经、佛经无数，那么前人所抄佛经、道经或许也会给赵孟頫带来一定的影响，或者说赵孟頫在师法二王基础上，融以唐人写经如《灵飞经》等，也未必没有可能。张丑曾说："《灵飞六甲经》，锺绍京书……后有倪云林、虞集跋，全仿《黄庭经》，赵子昂师之，十得其三耳。"[2]董其昌也认为赵孟頫的楷书师法锺绍京，并认为"赵文敏一生学锺绍京，才十得三四耳。"[3]从赵孟頫晚年的小楷作品如《道德经》（延祐三年，1316 年），可以看出在用笔上对《灵飞经》的借鉴，只是在结体上稍有内擫而与《灵飞经》不同。

鲜于枢在评价赵孟頫书法时曾说："子昂篆隶正行颠草，俱为当代第一；小楷又为子昂诸书第一"，并称赞他"下笔神速如风雨"，[4]这还是至元年间的事，惜鲜于枢英年早逝，未及见子昂晚年之书，但也可看出对赵孟頫小楷是推崇备至。他人对赵孟頫小楷的推重主要是从两方面着眼，其一是鲜于枢所说的"下笔神速"，如袁桷云："承旨公作小楷，着纸如飞。"[5]其二是结体精密，一丝不苟，如"首尾七万余言，无一笔失度"，[6]"结体精密，无一笔苟作，岂但无一字无来处

[1] 明·张丑《清河书画舫》卷十下《题赵松雪书大洞玉经》，文渊阁四库全书本。
[2] 明·张丑《真迹日录》卷三，文渊阁四库全书本。
[3] 《唐灵飞经》刻本卷后董其昌跋，文物出版社，1984 年版。
[4] 清·倪涛《六艺之一录》卷三百五十四《赵荣禄书过秦论》，文渊阁四库全书本。
[5] 元·袁桷《清容居士集》卷四十六《题子昂书灵宝经》，文渊阁四库全书本。
[6] 清·倪涛《六艺之一录》卷三百五十四《赵子昂小楷法华经》，文渊阁四库全书本。

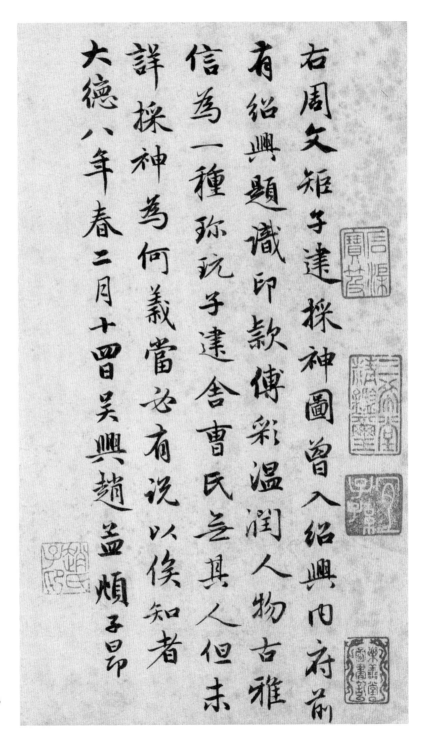

右周文矩子建採神圖曾入紹興內府前
有紹興題識印款傳彩溫潤人物古雅
信為一種弆玩子建舍曹氏意其人但未
詳採神為何義當必有說以俟知者
大德八年春二月十四日吳興趙孟頫子昂

赵孟頫跋
周文矩《子建采神图》
故宫博物院藏

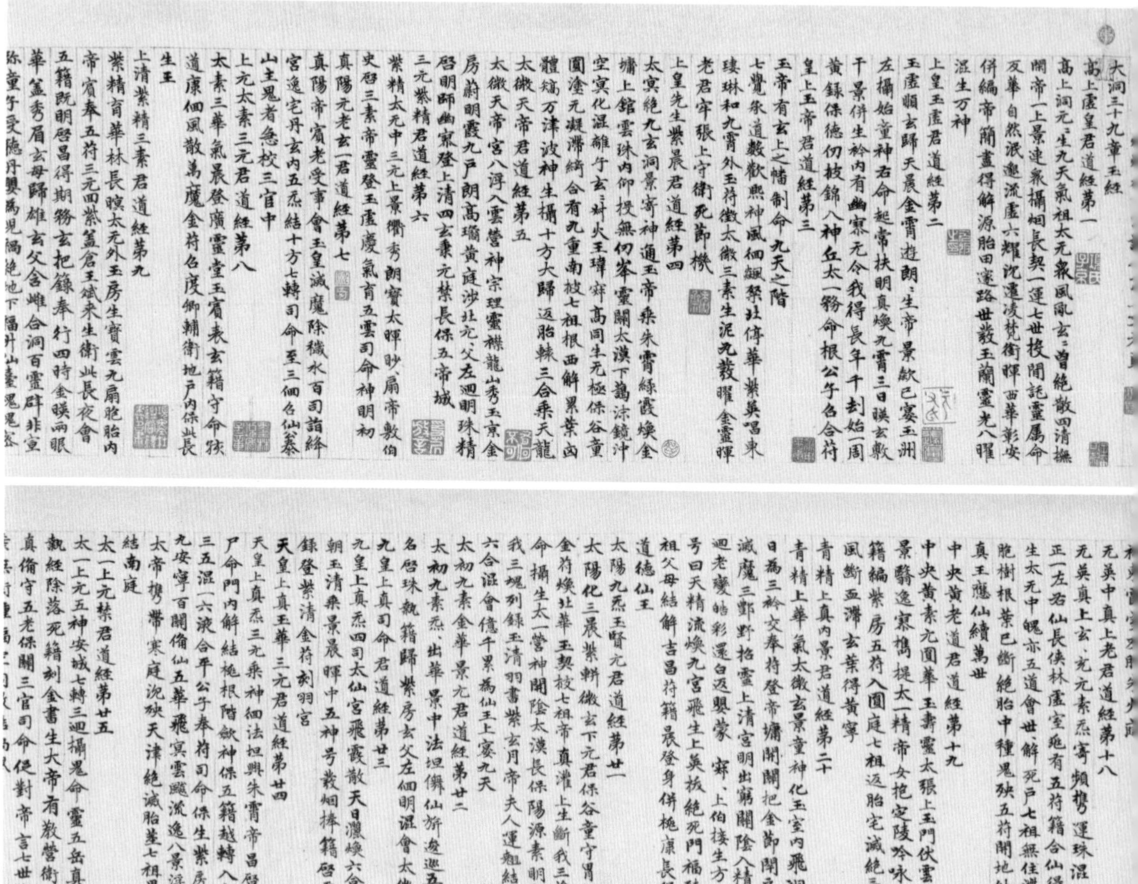

赵孟頫楷书《高上大洞玉经》卷 天津博物馆藏

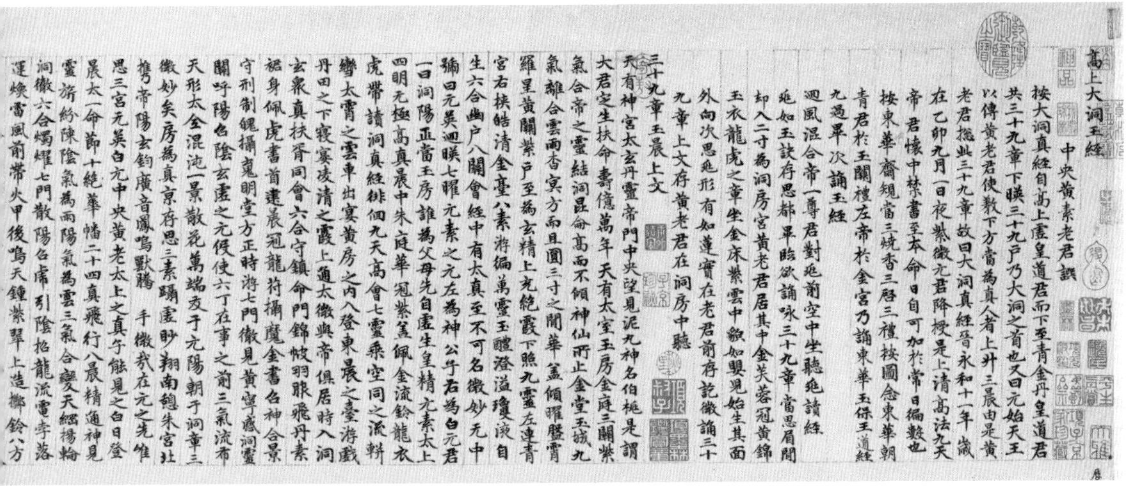

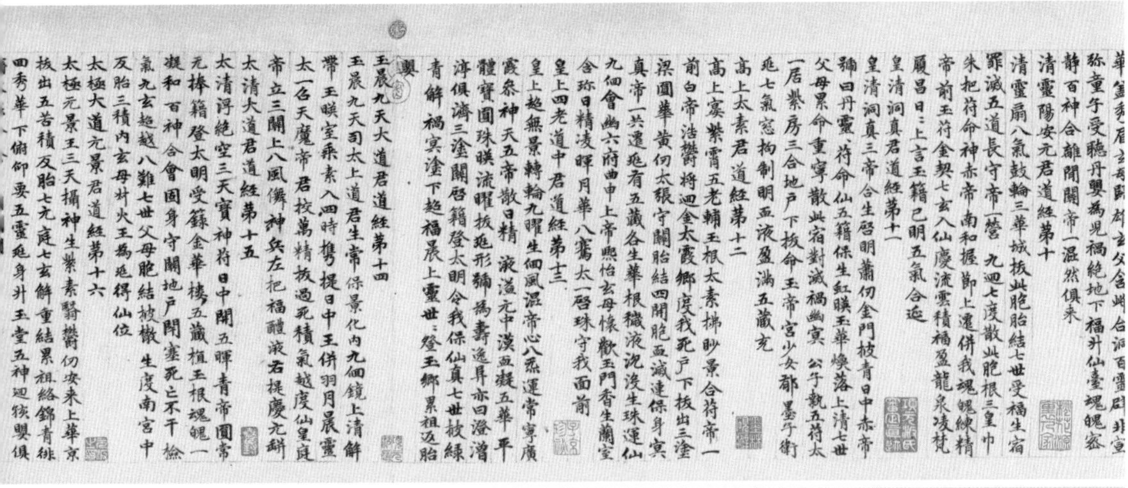

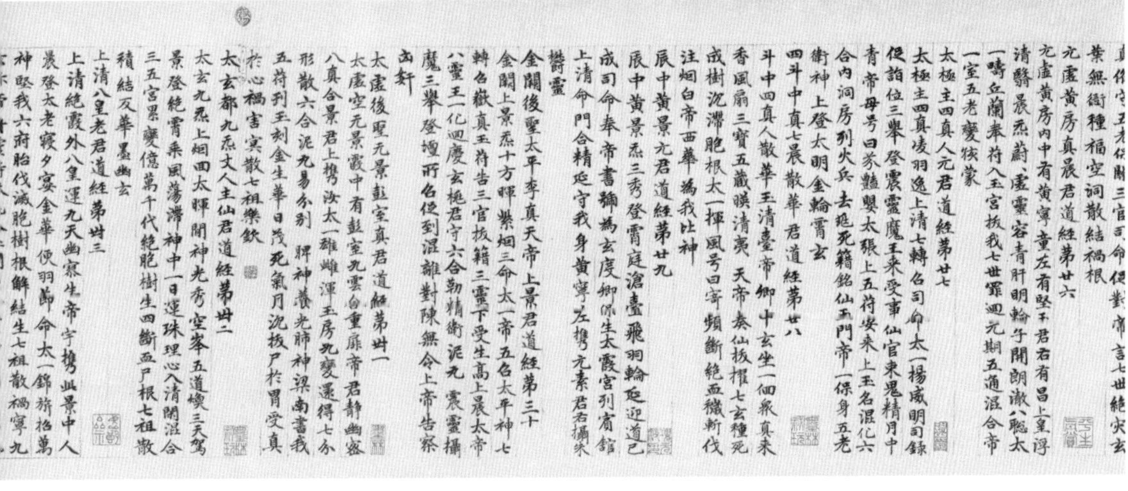

天長地久天地所以能長且久者以其不自生故
能長生是以聖人後其身而身先外其身而身
存非以其無私耶故能成其私
上善若水水善利萬物而不爭處眾人之所
惡故幾於道居善地心善淵與善人言善信
政善治事善能動善時夫惟不爭故無尤矣
持而盈之不如其已揣而銳之不可長保金玉滿
堂莫之能守富貴而驕自遺其咎功成名遂
身退天之道
載營魄抱一能無離乎專氣致柔能如嬰兒
乎滌除玄覽能無疵乎愛民治國能無為乎
天門開闔能無雌乎明白四達能無知乎生之
畜之生而不有為而不恃長而不宰是謂玄德
三十輻共一轂當其無有車之用埏埴以為器
當其無有器之用鑿戶牖以為室當其無有
室之用故有之以為利無之以為用
五色令人目盲五音令人耳聾五味令人口爽
馳騁田獵令人心發狂難得之貨令人行妨是
以聖人為腹不為目故去彼取此

赵孟頫楷书《道德经》卷（局部）　故宫博物院藏

老子

道可道非常道名可名非常名無名天地之始

有名萬物之母常無欲以觀其妙常有欲以觀

其徼此兩者同出而異名同謂之玄玄之又玄眾

妙之門

天下皆知美之為美斯惡已皆知善之為善斯不

善已故有無之相生難易之相成長短之相形高

下之相傾音聲之相和前後之相隨是以聖人處

無為之事行不言之教萬物作而不辭生而不

有為而不恃功成不居夫唯不居是以不去

不尚賢使民不爭不貴難得之貨使民不為

盜不見可欲使心不亂是以聖人之治也虛其心實

其腹弱其志強其骨常使民無知無欲使夫知

者不敢為也為無為則無不治矣

道沖而用之或不盈淵乎似萬物之宗挫其銳

解其紛和其光同其塵湛兮似若存吾不知

其誰之子象帝之先

天地不仁以萬物為芻狗聖人不仁以百姓為芻

狗天地之間其猶橐籥乎虛而不屈動而愈

耶"[1]，等等。当然，微词亦有之，如王世贞说："（赵孟頫）小楷法《黄庭》《洛神》，于精工之内时有俗笔。"[2]

综观赵孟頫的小楷书，是他功力深厚的最好表现，常常是洋洋洒洒数万言，而首尾一贯，用笔精到而不失清灵爽利，楷法谨严而不失圆活飘逸，绝无板滞局狭之气，上承晋唐，下启明清，后世难有与其匹敌者。尽管其中有些字雷同少变化，但这是写小楷的通病，并不能影响其整体的成就。并且宋季三百余年，在苏、黄、米的倡导与带领下，行草书得到空前发展，然善小楷者代乏其人，赵孟頫一出，以其圆转流动的笔势、温润闲雅的结体、有晋人之韵无唐人之拘的小楷书风，令人耳目一新，博得了上自帝王下至庶民的喜爱，故此自赵以后，小楷书法蔚然成风，祝枝山、文徵明、董其昌等无不受赵之影响，其功不可没。同时赵孟頫小楷中高超的用笔技巧以及字里行间显露出的安闲自得的意趣，对其行书也产生很大影响。

2. 碑版大楷

赵孟頫所书的碑版大楷存世也比较多，且有很多墨迹，从中能明显看出其师法和风格的变迁。与小楷的实用性不同的是，大楷多施于碑版，也多是他人所求之作，因此在赵孟頫三十岁之前未见有这类的作品，直到他仕元以后，随着名声与地位的提升，这类作品也多了起来。赵孟頫早期大楷书多以智永为师，同时也师法褚遂良、徐浩等人，[3] 以增加用笔的灵动，如至元二十九年（1292 年）年所书《空相寺碑》（拓片现藏北京图书馆），即是此时的代表。该碑以智永书意为之，又加入褚遂良的一些笔法，虽然在一些细节的处理上还有欠妥当，如竖撇，在竖笔的末端便急向左方横向撇出，显得生硬，但总体来说结体平稳端正，显示出了异于常人的天赋。至于顾复所说的"赵文敏初学李北海书，伯机诃之"，从此碑中看不出李邕的丝毫笔意，纯属臆断，师法李邕则是稍后的事。从此至大德初这一段时间里，赵孟頫亦有一些书碑，如《利津县庙学碑》（至元三十年，1293 年）、

---

[1]　清·卞永誉《式古堂书画汇考》卷十六《赵荣禄书过秦论卷》钱良右跋，文渊阁四库全书本。

[2]　明·王世贞《弇州四部稿》卷一百五十三，文渊阁四库全书本。

[3]　赵孟頫在跋自己所书《千字文》时说"当时学褚河南《孟法师碑》，故结字规模八分"，可证。

《济阳县庙学碑》（至元三十一年，1294 年）、《萧山县学重建大成殿记》（大德三年，1299 年）等，虽然在整体风格上基本相似，但从中可以看到，赵孟頫此时的楷书正处于一种过渡期，如《大成殿记》就已逐渐加入了一些李邕的笔法，但用笔较滞钝，可能是刻工的水平不高造成的。

而大德七年（1303 年）年所书的《玄妙观重修三门记》《玄妙观重修三清殿记》二碑就显示出了此时赵孟頫已完全趋向于李邕了，董其昌跋曰："熟视李北海《岳麓寺碑》，乃知此碑之逼真，犹是集贤偏师耳。"[1]此二碑楷中寓行，去李邕之劲利欹侧而变为浑厚方正，端庄典雅，气势雄伟而不失灵便，正如李日华所说："文敏此书，有泰和之朗而无其佻，有季海之重而无其钝，不用平原面目而含其精神，天下赵碑第一。"[2]由此可见前人所谓"末复留意李北海""延祐以后变入李北海"之说，不确。自此，赵孟頫的碑版大楷已基本形成自己的风格，即后世所说之"赵体"。当然，赵孟頫与此并不是停滞不前的，其后的碑版大楷则随着年龄、阅历的增长，博采广收，不断充实变化，如《妙严寺记》《昆山淮云院记》又吸收了柳公权的结体，与《三门记》等相比，明显是变方阔而为修长，此后所书碑版结体均是如此。稍晚的《胆巴碑》更是人书俱老，行笔谨严遒劲而不失流利，点画顾盼，承接自然，已无先前之造作，结体上也是匀称舒适，比例合度，风姿绰约，论者以此为赵书碑中第一。

如果把赵孟頫的碑版大楷与唐人相比，可谓优劣参半。作为一个善于借鉴并能够充分发挥的高明书家，赵孟頫充分汲取前人的优秀成果，集智永、李邕、褚遂良、柳公权等众家之所长并加以变化，形成自己独特的风格。师古而不泥古，是他取得成就的关键，后世也因此将他与欧、颜、柳并称而成为"楷书四大家"之一。董其昌云："赵吴兴大近唐人。"[3]此语甚为中肯，但是赵孟頫的变化多是简化了唐人，首先在用笔上融入行书笔意，如起笔上变藏锋逆入为露锋顺入，转折处变顿笔调锋为转笔直下，变方折为圆转，这种作法明显是受智永和李邕的影

[1]　明·张丑《真迹日录》卷二《赵子昂正书玄妙观三门记跋》，文渊阁四库全书本。
[2]　明·张丑《真迹日录》卷二《赵子昂正书玄妙观三门记跋》，文渊阁四库全书本。
[3]　明·董其昌《画禅室随笔》，载《历代书法论文选》，上海书画出版社，1979 年版，545 页。

赵孟頫楷书《玄妙观重修三门记》卷　（日本）东京国立博物馆藏

天地闔闢運乎鴻樞

而乾坤為之戶日月

出入經乎黃道而卯

酉為之門是故建設

琳宮藻衛玄象外則

周垣之聯屬靈星之

（篆書大字）宮　觀　復　門　記　三

煌煌柂朝日大庭中

敞峻殿周羅鸞馭可以尌

羽節可以容鸞駇可

以陛三成之壇通九

關之奧三奏百靈之朝氣

象之虞偉然始興靈殿之

於是於吳興趙孟頫益稱矣復

永記云乎陵陽年頏懺土

木云惟帝降表言語云乎

我惟建極人心固有

皇天下為公初無側

興充塞諸遠或者舍

頗而求入閒之門復

近欲向執與抽關啟

元所以然既昧廠

迷何異墦塗是

鑰知玄之又玄戶之

末

里海牙右張史公深加盼睐若府以下人
皆以僚屬至於一時省若人
長佐之日堂張之子也師扶丁
皆異歲曰南征江扶
丑宣歲軍出之班師
告不見公用有司公姓名以信
拯廣軍出具目
校尉循宣歲舊符公為父死後授昭信
一循宣歲每警急不測調度茶蒞時軍事務
甫定出奇應變以士卒同甘苦先事以寧
知樂自大兵政省中不去事以右
不少自平章公省則又異公之隨省
且日侍令已夏五異公之隨省堂
冐祭多所聞矣籍
張其有子北濟洞庭萬艦濟艤
移師鎮鄂少選風怒雲奔浪較藏
椎舞前後顧望舟出沒濤中
揪行且仆若不相保前進疾權平以章
公不能達輕舟前進疾權平以章
且不能皇顛麋而沛公之
趙之倉皇顛沛而公之弟忠顯陵溺
死者十四人顛沛而公之弟忠顯陵溺

命桂表其閭事以郭亦良不易矣春秋被義之公
司以郭亦良不易言明年春秋被義之公丙午有
尤之鎮潭也闐事人家屬史傳
古今名文學士夜從容尊組者多常講
人曰士大夫顛立身故其撫字家繁
貴人喜親攵學士役徭史傳
是為忠與孝兩字此餘皆易為力耳
語人曰士餘皆易此不得乎壯死不
其為學當世有之傳曰若是以知公
其匹公子有達者君于丁己二月廿
其後必有後也公生於丁己二月廿
也夫益子有言莫非命也順受
得遂於當世而又言莫非命也順受
之有後也公生於丁己二月廿
四日春秋二十五震以戌月
克大塋卜以至大元年戌月
二人側室二祔于先人劉氏孫女
劉氏震來無常銘曰徐氏劉氏孫女
死生致死
人生無常銘曰壽天有定
而在致死義惟命之正定
命之才之義壽天有正定
宁奈何惟命之正定
于孫其慶而局於命

赵孟頫楷书《张总管墓志铭》卷　故宫博物院藏

故揔管張公墓志銘有序

通議大夫前建德路揔管
蕪府尹方回譔
集賢直學士慶元儒學提舉
行江浙等處儒學提舉趙

公諱繼祖字守父大父山保義校
尉博於今為管代有軍績俱於
堂揔管張公以武力
管軍揔管代有軍績俱於武力
名世且其目保義為扑都人當路
皆異之謂宣威目笑舉動不似兒
也謂宣威自務穎悟不似兒時即兒
胚胎世德自色笑舉動不似兒記
有膽略膂力過人方乗驍時即
善言話美力過人間師行水陸
往從宣咸隴蜀湖間師生長食
公且行且仆若不相保公應平章
赴之倉皇顛沛公之舟前進疾以權以
死者十四人而公之弟竟以溺
尉管軍揔管佩銀符曰榮祖按
亦在焉盖他舟之溺者不與公實
是月十五日也是役也平章咸
實目擊之悲哀悼痛切暨其眾咸
尖之悲且懺舟不進令其下日
夜求公尸不得而尸留官屬替守
士者又徧求之越四日得有人犬迊席
逐公娶郭氏與于奔暨扶護歸訃
符迊延之獲於商人舟中鴜呼痛
至驚慟陷絕即日奔暨扶護歸
殯于博其所遺部卒一千
七人及飛席抜都一千人顯祖
日而領之時郭二十有六歲嚴
膏沐忘寢食毅然以栢舟自擔
謂立後子雖多名器不可以假人
無後子嫡公實有子不可使
攜震請于官既復請于
朝以震劾多未得
命公死之十六年震猶未弱冠

赵孟頫楷书《帝师胆巴碑》卷 故宫博物院藏

石大都龍興寺五年
真定路龍興寺僧迭其寺
凡八剎石奏師本復住其寺
乞剎石寺中復其寺
勅曰盂煩預議賜謚并書
曰盂煩平師之體普大
慈以言慧平師之用廣普
照以言光之所照者廣
臨無上言為帝照廣普
師既奏有言
義基當謹按師所於白生
之地曰突哥哇為生麻
童子出家事斯旦麻生
聖師綽理哲哇為弟
巴戎法繼遊西天竺受弟
于華言微妙先受秘
密戒法高僧受經律
國編深入法海博
論道要顯密兩融空
采道要顯密兩驅空
實無照獨立三界示

祖母其金以錢宋太
耳伐河東像巴毀為
有復興之讖可傳言為寺
之歡息僧可傳言為寺
降詔復造其像高七
十三尺遠大閣像三重兩
以覆之芎翼世未有河
樓壯麗奇偉逐為河
也名是龍興寺方營閣
朏自五臺山類龍河
木出之計其長短小大
流計其數賜來東土
多詔取以賜來大師惠演
寮之記師始微大師演
為之記僧宣微大師永安
寺講雜主僧大師永安
普整禮請師為首住
等即貞元年正月將有聖
持元起山門即為梵
忽謂眾僧曰將有聖
人興起山門即為梵
書奏聖皇長台東
徴仁俗聖皇長台東

佛住受記未世必成
：徹一方誅如末一
無量義婆婆世界演說
帝王師度脫一切眾
黃金為宮殿七寶一切眾
莊嚴無不備建諸珍異妙
場養無不及外道破滅
邪魔跡法及外道破滅道
無邪魔跡法力所護持
國土保安靜
皇帝諸眷屬下至天地
皇太后壽命等至天地
王宮諸眷屬下枝於
含生歸依法力枝善皆
證佛菩提成就眾善皆
果獲無量福德於作
如是言傳布於十方
下及末末世贊歎不
可盡
延祐三年月
立石

大元敕賜龍興寺大覺普慈廣照無上帝師之碑（篆書題額）

大元勅賜龍興寺大
覺普慈廣照無上帝
師之碑
集賢學士資德大
夫臣趙孟頫奉
勅撰并書篆
皇帝即位之元年有
詔
金剛上師膽

實無照獨立三界示
眾標的至元七年與
帝師巴思八俱至
中國
乃
聖師
于也以
西番
之祖師始於五臺山
建立道場行秘密
法作諸佛事祠祭摩
訶伽剌持戒甚嚴畫
夜不懈屢彰神異祐
然流聞自是德業隆
處人天歸敬
武宗皇帝
皇伯
晉王及
今皇帝
皇太后皆從受戒法
下至諸王將相貴人
委重寶為施身齎人
于禮不可勝紀龍興
寺建於隋世寺有金
同寺大志菩薩家五戈

書奏
徽仁裕聖皇太后奉
今皇帝為大功德主
其
主
汝等繼今可日講妙
法蓮華經熟復相代用名集神
無有已時
靈隱護之
聖躬受命無量福我私
果餉之費皆度香華
財且預言
聖德有受命之符
大元年東宮既建以
舊邸田五十頃賜寺
為常住業師之所言
至此皆驗大德七年
師在上都彌陁院入
涅槃現五色寶光
獲舍利無數
皇元一統天下西
師至中國不絕綸
上師嚴具智慧神通
行謹
無如師者臣孟頫為

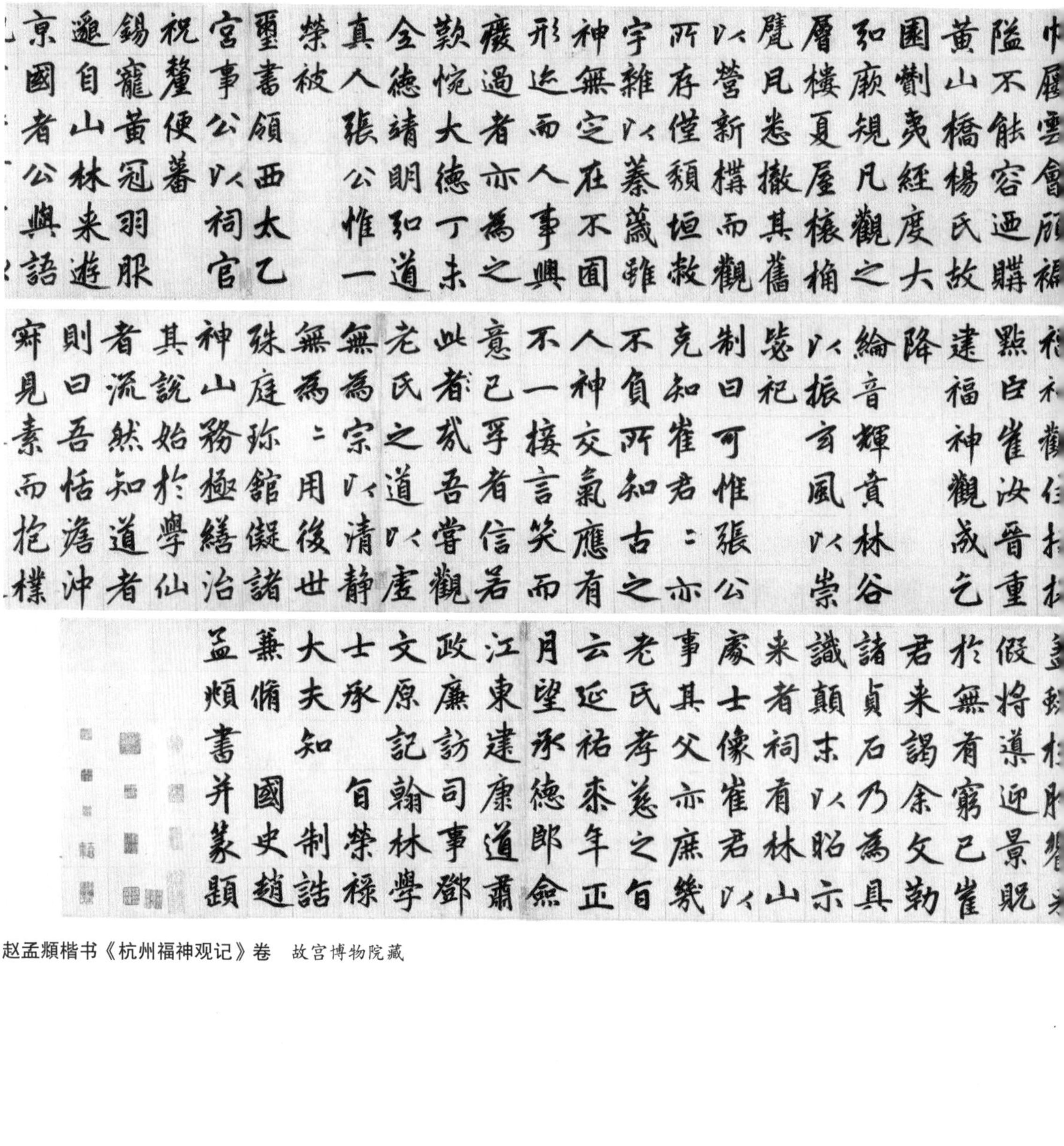

赵孟頫楷书《杭州福神观记》卷　故宫博物院藏

杭州福神觀記

杭州西湖古稱秀麗，多甲於江南，環湖多仙佛之宮。居麗望臨曠，碧湖幽勝。乙神相宅，其在太乙宮斷橋之北，曰太乙宮者二。之左為乙神故宅，本宗趙氏故宅也。長隱居遊者，栖密邇而以帶為橋。拒城山之，盡挹湖山之秀。宜為明靈之宴娛。

京國者公與語，錢唐少許可。有輒崔君汝晉，名聞公意，溢於顏面。曰福神觀傾補，有屬矣。壞者奉書幣以使者命，崔君能禮定將知我。其曰何重。公辭於是，工傾覽兩廡阿，門外殿局周，衛為局殿以遠，奉殿三清遂以嚴祀福。神觀設武像，懸鐘於坊玄。填完義有堂，亭函丈有室堂。庫庖延祐各有做，慶始祐戊午年而，八月末期年而一，大備張公惟一而。

宸見素而抱樸，雖混迹列肆而之，是心常泊如故。名聞市連雲之第而之，日宇泰定於是，乎天光吾於葆，淳道之妙焉。有道充之則未，忘世膠擾雖肉，熱而外巖居，衣糯食道猶拾川。飲其於崔君捐，藩積以飾靈宮中，厚雜彌氣而有，外玄興抑亦有，棐玄見於此乎，皆今之輪奐，否繫乎得人興衛，庫見以知事乎成興衛，飛草皆昔之神依人，而行人事興則。

响，其优点是加强了笔画之间的联系顾盼，生动活泼，但由于所用侧锋过多，缺乏李邕的筋骨强劲和气势畅达。另外在行笔处多是平铺直叙，一拓而下，缺乏节奏感，赵孟頫可能也感觉到了这一点不足，因此在捺画上则过分强调"一波三折"，有的横画在起笔顿按之后陡然提起，然后再按笔至横末，也是有意加强提按，这种过分强调、稍显突兀的笔画反而更加突显出其他笔画的平顺。在结体上，也是淡化了唐人的特点，变李邕、欧阳询的欹侧险劲而为平稳匀称，变柳公权的森严法度而为随和典雅。启功先生说："至于碑版之书，昔人视为难事。以其为昭示于人也，故体贵庄严，而字宜明晰。往往得在整齐，失在板滞。赵氏独能运晋唐流丽之笔，于擘窠大字之中，此其所以尤难逮及也。"[1] 这从正面肯定了赵孟頫碑版楷书的成就，即是将圆转流丽的笔法运用到碑版之中而赋予生气。但赵孟頫的这种作法也有其不足之处，首先碑版书首重庄严肃穆之气，故观看唐人之碑，使人顿生敬意，而赵孟頫圆转流丽的大楷若只作为普通作品还可，而作为为人歌功颂德、纪念先人的碑版书则稍乏持重，在这方面给人之感觉总是较唐人差之一筹。其次，也是最重要的，赵孟頫的楷法相对唐人简化了，当然这也适合一般人的审美眼光，能够做到雅俗共赏，但是楷书本身就较行草书等笔法简单，结构也多取平正之势，如果对其再做进一步的简化，则其中内涵、意趣也要大打折扣，因此赵孟頫的大楷较唐人直白浅露，在观赏这类作品时，初看令人耳目一新，而越看越觉得没有味道就是这个原因。

还有一个非常有趣的现象很值得注意，在赵孟頫所擅各体中都时不时地掺杂进一些楷书笔法，我们这里姑且称之为"楷化"。在行书当中最明显自不必论，其隶书、章草当中也是如此，其中尤以横画最为突出，起笔露锋顿笔直入，收笔再顿笔回锋，纯是楷书写法，小短撇也是如出一辙，与隶书和章草的写法迥异，显得古雅不足且极不协调。赵孟頫的这种独有的"楷化"现象一方面说明赵孟頫对隶书、章草这些古体理解受唐人影响较大，以唐人笔法来写魏晋古体是其书法风格形成的重要原因；另一方面也表明赵孟頫其他各体之所以体现出结体

---

[1]　启功《启功论书绝句百首》，荣宝斋出版社，1995 年版，56 页。

平正、法度谨严的特征，是和他精深的楷书功底分不开的，也即是说他在楷书方面的审美趣尚对其他书体有非常大的影响。同时，赵氏的这种"楷化"写法对元明时期的影响亦很大，如当时与赵孟頫、鲜于枢齐名的邓文原写章草时也是如此，明人也未跳出此种樊篱。

行书与章草

1. 行书

赵孟頫所擅诸体书法中，成就最大者当属行草书，后人也给予了很高的评价，胡汲仲谓："赵子昂书，上下五百年，纵横一万里，举无此书。"[1]虽有些夸大，但他所取得的成就及其对当时和后世的影响确实罕有人相匹。

赵孟頫传世的墨迹当中，行草书占了绝大部分，这些作品体现了他书法的特色与成就。而目前的研究成果当中，存在着两方面的问题：一是对书法风格评价，如对其早、中期成就不高的书法，也是一味地赞扬，缺乏客观性；二是对其书法风格变化的研究大多以早、晚期为界，还过于笼统，条理不太清晰。赵孟頫的行草书法在一生中的变化是很大的，详细地梳理其各个时期的风格特点，不仅可以加深对其整体书法艺术的研究，还可为书法鉴定打下坚实的基础，因此这方面研究是非常必要的。通过对现存作品的梳理，可以看出其师承与风格的流变大致可分为以下几个阶段：

（1）初学期（至元二十年之前）

这一时期的作品见于著录的有《读书乐趣》（1272年）、《书画合卷》（1277年），后人题跋均称其"具思陵体格"[2]"字近思陵"，[3]而现存赵书中最早的作品《秋兴诗》卷中可印证前人所谓"初法思陵"之说不差，今人的研究成果中亦多支持此论。或认为宋高宗与赵孟頫均以智永为师，上述诸作"似高宗也可能是

---

[1] 元·陆友《研北杂志》卷下，文渊阁四库全书本。

[2] 清·孔广陶《岳雪楼书录》卷二《宋元翰墨精册》其四《元赵文敏行书读书乐趣》陈其锟跋语，《续修四库全书》第 1085 册，上海古籍出版社，2002 年版，67 页。

[3] 清·杨恩寿《眼福编》卷三《元赵文敏公书画合卷跋》，台湾文史哲出版社，1974 年版。

斜每依南斗望

京華驅獲實下

三聲淚奉使盧

隨月查畫省

香爐違伏枕山

樓粉堞隱悲笳

請看石上藤蘿

月已映洲前蘆

荻花

千家山郭靜朝

津一日江樓坐翠

入逕秋先籬邊

桂園黃鶴錦纜

牛檣起白鷗迴

首可憐歌舞

地秦中自出帝

王州

右少陵秋興八首盖右

今絕唱也沈君以幽窗

求書因為書此帋短

僅得其四耳 子昂題

此詩氣象四十年前

所書令人觀之未必以

為五百也 子昂重題

至治三年四月十七日

赵孟頫行书《秋兴诗》卷　上海博物馆藏

玉露凋傷楓
樹林巫山巫峽
氣蕭森江間
波浪兼天湧
塞上風雲接
地陰叢菊兩
開他日淚孤舟
一繫故園心寒
衣處處催刀尺
白帝城高急

暉一日江樓坐翠
微信宿漁人還
汎汎清秋燕子故
飛匡衡抗疏功
名薄劉向傳經
心事違同學少
年俱不賤五陵
衣馬自輕肥
瞿唐峽口曲江頭
萬里風煙接素
秋華萼夾城通

殊途同归"[1]，这只是一种猜测，因为赵孟頫在题宋高宗所书《孝经》时说："孟頫卅角习书，至于圣翰，沉潜展玩，留心多矣。"[2]也承认了自己初学书即曾以宋高宗为师法，并下过一些功夫的。赵构书法也是心仪二王的，他曾说："至若《禊帖》则测之益深，拟之益严，姿态横生，莫造其原。详观点画，以至成诵，不少去怀也。"[3]赵孟頫最初师承赵构，虽取法不高，但未脱离二王一系，并且高宗对他的影响是很深的，即使到后来赵孟頫转师二王，在结体上仍以平正为主，即是早期学高宗打下的基础，这是目前研究成果中所忽略的。从该卷来看，其早期行书还处于学习阶段，用笔不甚精，全以按为主，笔画肥厚，致使全篇气势不连贯，在局部的处理上亦欠妥，如"声""泪""奉"三字之捺画雷同等。赵孟頫在晚年为此卷题跋曰："此诗是吾四十年前所书，今人观之，未必以为吾书也。"也流露出不满之意，而后人所谓"笔势圆熟""遒丽超俗"者，只不过是吹捧之语。当然在学宋高宗的同时，赵孟頫亦学智永，这一点无需怀疑。如1286年为其外甥张景亮所书的草书《千字文》，即是以智永笔意为之，可能是由于作者此时正忙于入京，草草书之以应其求，故显得比较沉闷而缺乏草书的生气。稍后一年的草书跋王献之《保母帖》则与此绝然相异，用笔轻灵，节奏明快，然而个别笔画如戈钩、走之等还欠妥当，即使稍晚于此的《与鲜于枢尺牍》亦是如此，盖是初期笔法不纯熟所致。

（2）过渡期（至元二十一年～大德三年）

至元二十一、二十二年，赵孟頫购得《淳化阁帖》的祖本，这对他的书法艺术来说，是一个重要的转折点。可以说从这时起，赵孟頫的行书开始致力于二王。或者随着赵孟頫的仕元，在大都能够见到更多的前贤名迹，开阔了眼界，其审美趣尚亦发生改变。从这一时期的作品来看，风格在逐渐变化，从中可以看出赵孟頫对二王的借鉴与吸收，整体还处于探求摸索的过渡期。其中较早的作品在用笔、

---

[1] 王连起《赵孟頫及其书法艺术简论》，《故宫博物院院刊》1994年第2期，44页。刘九庵先生亦对赵书"初法思陵"提出异议，见《赵孟頫的书法》一文，载《书法丛刊》第十辑，5页。

[2] 《石渠宝笈》卷四十一《宋高宗书孝经马和之绘图一册》，文渊阁四库全书本。

[3] 宋·赵构《翰墨志》，《历代书法论文选》，上海书画出版社，1979年版，366页。

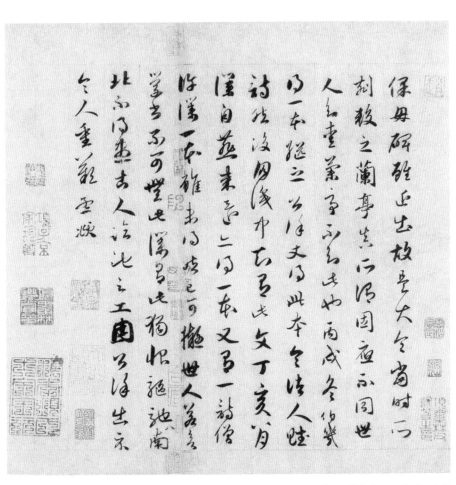

赵孟頫跋王献之《保母帖》卷　故宫博物院藏

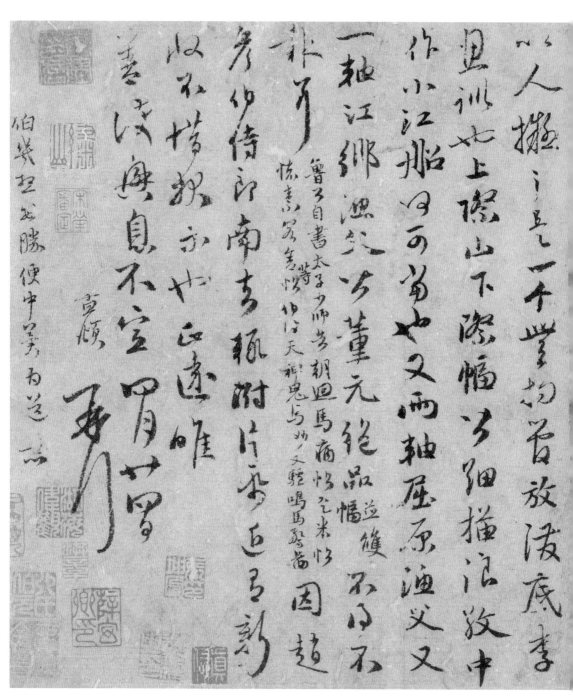

赵孟頫行书《论古人画迹残札》册页　台北故宫博物院藏

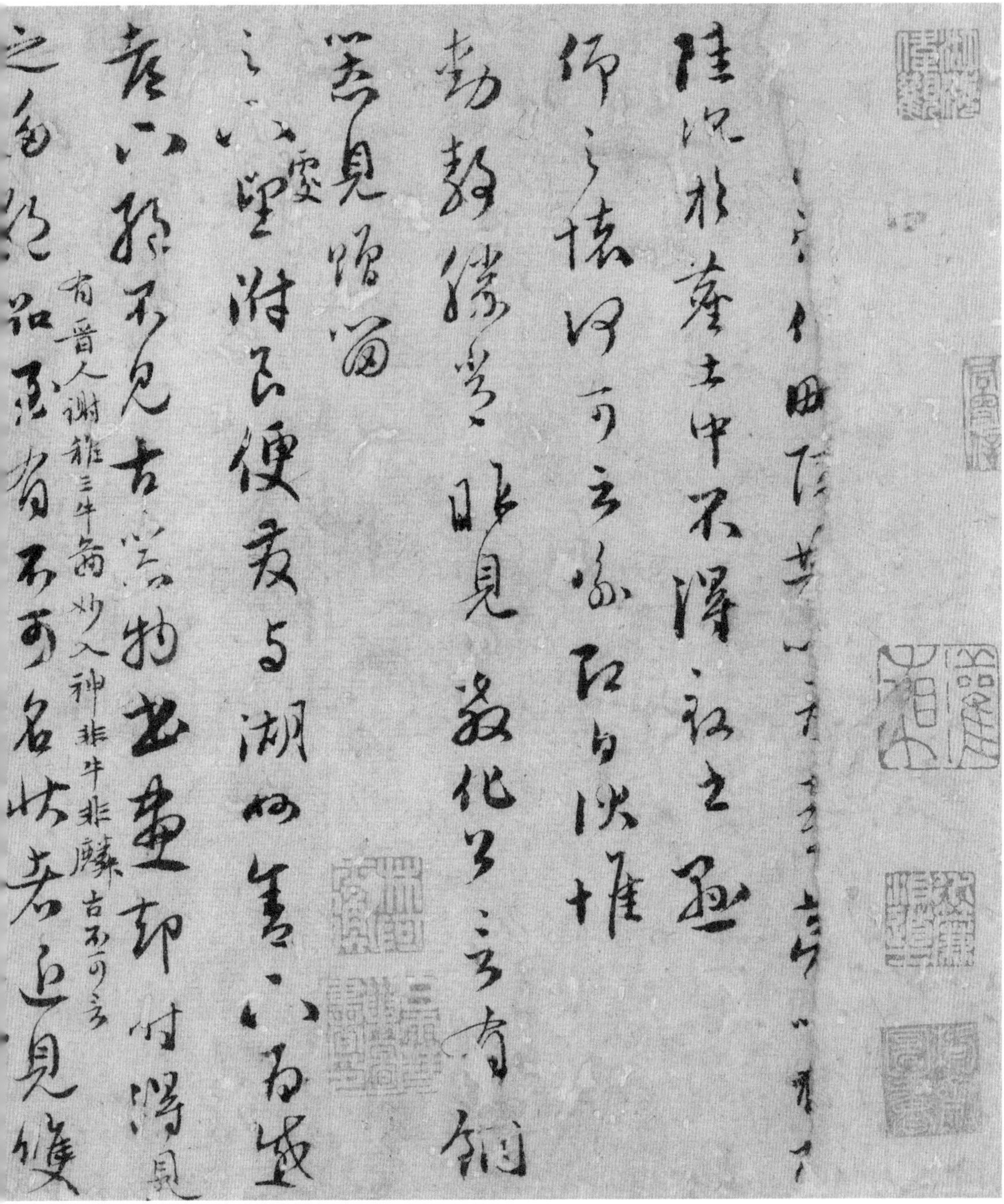

陸沉於蓬士中不得致之恥

師之恍惚可言於咏以惟

勃勃猶慕此見教化乃言有銅

芒見瑞兩

之望將民便爱与湖如隻以為堂

衰心孤不見古物出重即付得员

有晉人謝稚三牛甚妙入神非牛非麟古不可言

之面於品玉者不可名此若直見偉

结体上还不甚扎实、熟练，如《致野翁札》用笔随意，结字还欠稳妥，《临褚摹兰亭序》（1291 年）还斤斤于原帖字形，用笔飘浮。再如 1292 年的行书跋欧阳询《仲尼梦奠帖》亦是如此，虽加强了笔画之间的呼应顾盼，但从中也明显看出此时的赵孟頫还有些手不应心，如写竖钩在竖的末端重按之后向左上快速带出，太过随意；还有一些笔画也是纤弱无力，如"也""向""劝"的右半部等，又加上楷、行、草兼杂，使得部分章法看起来非常突兀，极不自然，仍处于摸索阶段。而稍后的作品，如《趵突泉诗》《二赞二诗》等，较前者有明显改变，笔力沉实，结体加长，字势恢阔。然其中个别笔画，如戈钩、反捺等，有力不从心之感，这是赵孟頫此时期的明显缺失。这一点似乎与他执笔较紧有关，[1]执笔紧则腕僵硬难回转，尤其是像戈钩这样向右下长大的笔画，手腕不灵便就容易造成下半部软弱无力，出钩草率。另外又与此时赵孟頫仕于元廷，为政务缠身，疏于翰墨有关。或因此二帖字形较大，赵孟頫在书写时融入了李邕、米芾等人的笔意，使人觉得"迥异平日之作"[2]。

大德元年（1297 年）所作《归去来辞》及此后所书的一些手札，笔法渐熟，一去以前重按之病，运笔婉转圆润，牵丝、提按、转折自然流畅，结体端庄遒丽，给人耳目一新之感，可见子昂对二王已有深厚的功力，亦足见其异乎常人之天赋。这些都作于赵孟頫自济南辞官归家养病之时，暂时摆脱了官场的羁绊，他能够全身心地投入到书画艺术中去，有如此之变化也不足为奇了。有学者认为赵孟頫仕元即至元二十三年（1286 年）前后，他就在江南确立了书法领袖地位，[3]此说稍嫌武断，因为从上面的分析可以看到，赵孟頫仕元前后的书法仍处于学习探索阶段，用笔、结体都存在着很多缺陷，与后期相比，还是有很大差距的，没有完全成熟。并且当时鲜于枢、邓文原等人也活跃于杭州，与赵并驾齐驱，赵孟頫以

---

[1] 元·孔齐《静斋至正直记》卷二《松雪家传书法》载："又试仲穆幼时把笔，潜立于后掣其管，若随手而起，不放笔管，则笑而止。或掣其手，墨污三指，则挞而训之。盖欲执管之坚，用力如百钧石也。"《续修四库全书》第 1166 册，上海古籍出版社，2002 年版，303 页。
[2] 清·吴荣光《辛丑销夏记》卷三《赵文敏诗帖卷》董其昌跋语，《续修四库全书》第 1082 册，上海古籍出版社，2002 年版，512 页。
[3] 黄惇《从杭州到大都——赵孟頫书法评传》，上海书画出版社，2003 年版，20 页。

欧陽信本書清勁秀健古今一人米老云莊若對越俊若跳擲猶似未知其神奇也向在都下見觀學一帖是集賢官庫物後有開元題識具全筆意與此一同佃官帖是硬黄紙為異耳元廿九年閏月望日為

右之兄書吳興趙孟頫

赵孟頫跋欧阳询《仲尼梦奠帖》卷　辽宁省博物馆藏

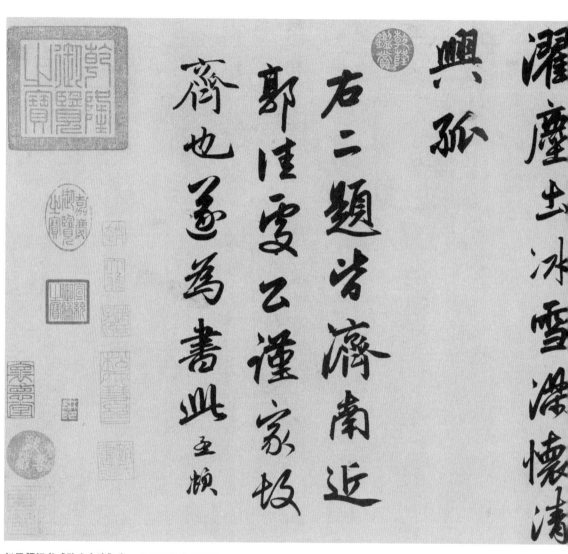

濯塵出冰雪潺懷清

興孤

右二題皆濟南近

郭佳處乙謹家叔

齋也遂為書此 孟頫

赵孟頫行书《趵突泉诗》卷　台北故宫博物院藏

趵突泉

濼水發源天下無平
地湧出白玉壺谷靈
久恐元氣洩歲旱不
愁東海枯雲霧潤
蒸華不注波瀾聲
霽六月□寺來泉上

赵孟頫行书《二赞二诗》卷　故宫博物院藏

太湖石贊

震澤莽
蕩、太古色
青雲興黟
如墨冒、茳
兩筆物卷
之懷不盈
尺

題董元溪
峯圖

石林何蒼
油雲出其
下山高薮
白白陰晦
復匀兩窩
寵溪谷中

駕淮能请
鶯簧将、何
是顧青綠貂
首錄陰沼
猴策亭、
怨長沿明
富戲寫乘
黄詩洗刷
歸来氣如
如不汗對

赵孟頫行书《归去来辞》卷　上海博物馆藏

这样的成就和地位是不可能成为当时江南书坛领袖的。直到至大三年（1310年）以后再次入京任职，不仅书风完全成熟，且受到元仁宗的极度宠遇，再加上学生们的推崇，才确立了其书坛盟主的地位。

（3）成熟期（大德三年～至大三年）

从大德三年（1299年）八月，赵孟頫任集贤直学士行浙江等处儒学提举，直到至大三年（1310年）才再次赴京任职。这十年当中，赵孟頫官事清闲，悠游山水之间，沉醉于书画之中。这一时期所书的行书作品如《洛神赋》（1300年）《赤壁二赋》（1301年）《吴兴赋》（1302年）《纨扇赋》《玄都坛歌》（1306年）等，都显示出比较一致的风格。这些作品点画呼应顾盼，使转轻灵，笔法精致，结体端严，体势修长柔媚，潇洒多姿。稍晚所书的《兰亭十三跋》（1310年），历来评论极高，虽然较前诸帖在用笔上力求刚健挺拔，结体端严精谨而更加修长，但其总体风格与前面诸帖尤其是《吴兴赋》《玄都坛歌》等还是相同的，故仍属此期。如果说这些作品在用笔和结体上还有些刻意为之之嫌的话，那么此时所书的信札尺牍则更能够真实反映其书法水平。这些信札都是平时信手书来，心无挂碍，使转承合，牵丝连带，无不显露出自然灵动之妙，已经达到了炉火纯青的地步了。

　　当然，在此时期赵孟頫虽亦进行着各种尝试，如《周易系辞》掺以唐人笔意，跋李仲宾《墨竹图》加入章草笔法等，然就总体风格来看，这一时期标志着赵孟頫经过长期的学习与探索，融会贯通，已完全形成了自己的书法艺术风格。

　　（4）巩固期（至大四年～延祐三年）

　　至大三年八月，元仁宗召赵孟頫入京，官运亨通，接连升职，但文宗看重的仍是他的文学、书画才能，故对赵孟頫的书画极为推崇。这一时期的行草书作品有跋国诠《善见律》、《万寿曲》、跋韩滉《五牛图》、《酒德颂》等，其中除跋韩滉《五牛图》在风格与前期相同外，其余在点画起笔处多用藏锋，用笔迟涩，力图掩盖其运笔痕迹，而使体势内涵，结体亦在纵向上稍有收敛。之所以将这段时期称之为巩固期，是因为此时的行书在总的审美标准上没有太多变化，还是在追求平正冲和，其用笔、结体上的些许变化亦是对其已定风格的巩固与提高。

　　（5）高峰期（延祐四年以后）

　　赵孟頫晚年的行草书又达到了一个高峰，这一时期的代表作即是《与山巨源绝交书》（1319年）。此卷前段还比较拘谨，笔笔认真，谨慎处之，至中段则逐渐放开手脚，行笔迅速而不失苍劲，跌宕起伏，极具变化。全篇虽楷、行、草兼杂，又不时以章草之捺笔变换其势，但转承自然，浑然一体。可见此时赵孟頫已

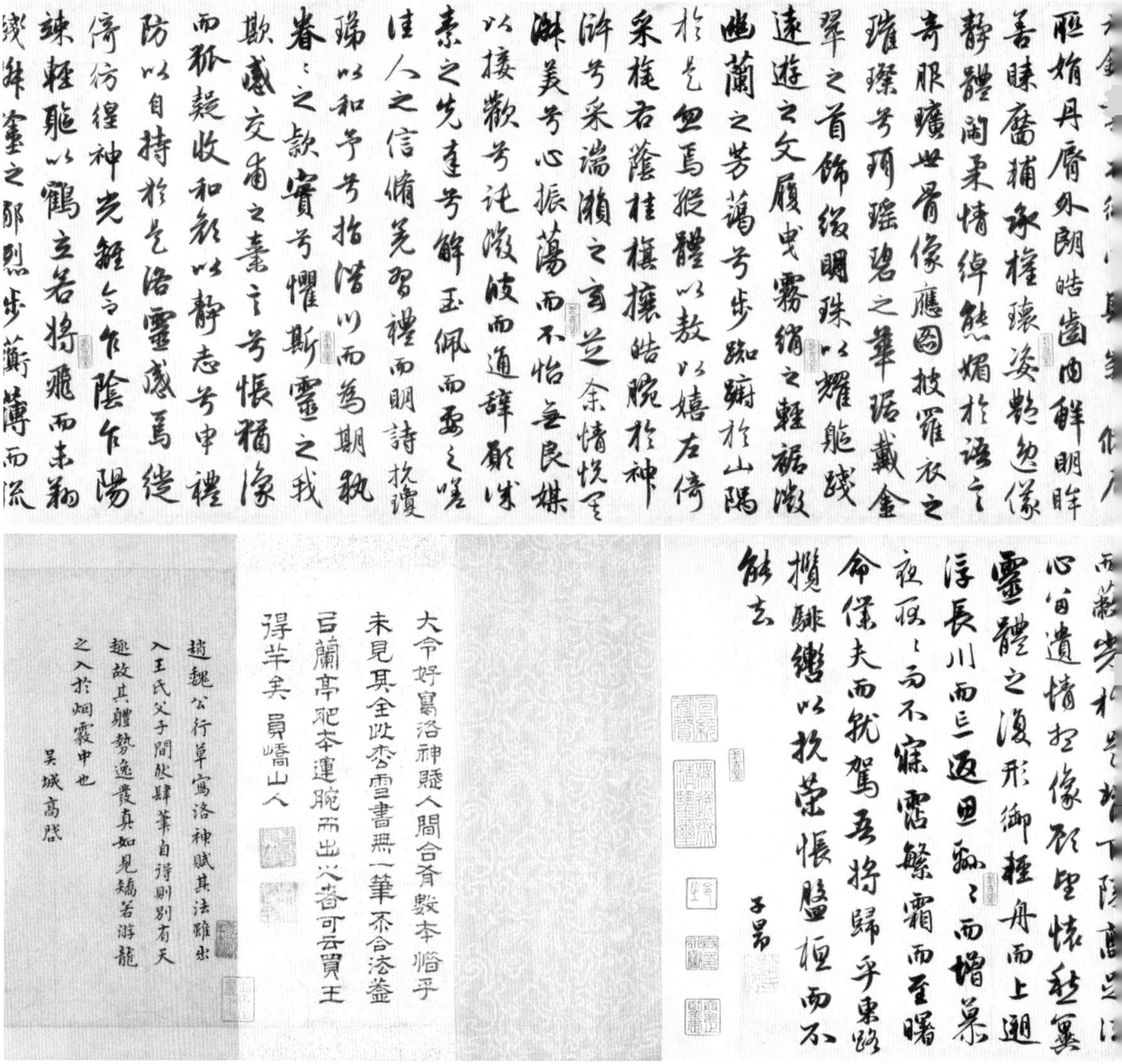

赵孟頫行书《洛神赋》卷　故宫博物馆藏

洛神賦 并序

黃初三年，余朝京師，還濟洛川。古人有言，斯水之神，名曰宓妃。感宋玉對楚王說神女之事，遂作斯賦。其詞曰：

余從京域，言歸東藩，背伊闕，越轘轅，經通谷，陵景山。日既西傾，車殆馬煩。爾乃稅駕乎蘅皋，秣駟乎芝田，容與乎陽林，流眄乎洛川。於是精移神駭，忽焉思散。俯則未察，仰以殊觀。睹一麗人，于巖之畔。乃援御者而告之曰：爾有覿於彼者乎？彼何人斯，若此之艷也！御者對曰：臣聞河洛之神，名曰宓妃。然則君王之所見，無乃是乎？其狀若何？臣願聞之。

余告之曰：其形也，翩若驚鴻，婉若游龍，榮曜秋菊，華茂春松。髣髴兮若輕雲之蔽月，飄飄兮若流風之迴雪。遠而望之，皎若太陽升朝霞；迫而察之，灼若芙蕖出淥波。

襛纖得衷，修短合度。肩若削成，腰如約素。延頸秀項，皓質呈露。芳澤無加，鉛華弗御。雲髻峨峨，修眉聯娟。丹唇外朗，皓齒內鮮。明眸善睞，靨輔承權。瑰姿艷逸，儀靜體閒。柔情綽態，媚於語言。奇服曠世，骨像應圖。披羅衣之璀粲兮，珥瑤碧之華琚。戴金翠之首飾，綴明珠以耀軀。踐遠遊之文履，曳霧綃之輕裾。微幽蘭之芳藹兮，步踟躕於山隅。於是忽焉縱體，以遨以嬉。左倚采旄，右蔭桂旗。攘皓腕於神滸兮，采湍瀨之玄芝。

余情悅其淑美兮，心振蕩而不怡。無良媒以接歡兮，託微波而通辭。願誠素之先達兮，解玉佩以要之。嗟佳人之信修，羌習禮而明詩。抗瓊珶以和予兮，指潛淵而為期。執眷眷之款實兮，懼斯靈之我欺。感交甫之棄言兮，悵猶豫而狐疑。收和顏而靜志兮，申禮防以自持。

於是洛靈感焉，徙倚彷徨。神光離合，乍陰乍陽。竦輕軀以鶴立，若將飛而未翔。踐椒塗之郁烈，步蘅薄而流芳。超長吟以永慕兮，聲哀厲而彌長。

爾乃眾靈雜遝，命儔嘯侶。或戲清流，或翔神渚。或采明珠，或拾翠羽。從南湘之二妃，攜漢濱之遊女。歎匏瓜之無匹兮，詠牽牛之獨處。揚輕袿之猗靡兮，翳修袖以延佇。體迅飛鳧，飄忽若神。凌波微步，羅襪生塵。動無常則，若危若安。進止難期，若往若還。轉眄流精，光潤玉顏。含辭未吐，氣若幽蘭。華容婀娜，令我忘餐。

於是屏翳收風，川后靜波。馮夷鳴鼓，女媧清歌。騰文魚以警乘，鳴玉鸞以偕逝。六龍儼其齊首，載雲車之容裔。鯨鯢踊而夾轂，水禽翔而為衛。於是越北沚，過南岡。紆素領，迴清陽。動朱唇以徐言，陳交接之大綱。恨人神之道殊兮，怨盛年之莫當。抗羅袂以掩涕兮，淚流襟之浪浪。悼良會之永絕兮，哀一逝而異鄉。……

不知其所止飄飄乎如遺世獨立

羽化而登仙於是飲酒樂甚扣

舷而歌之歌曰桂棹兮蘭槳擊

空明兮遡流光渺渺兮余懷望

美人兮天一方客有吹洞簫者

倚歌而和之其聲嗚嗚然如怨如

慕如泣如訴餘音嫋嫋不絕如縷

舞幽壑之潛蛟泣孤舟之嫠婦

赵孟頫行书《赤壁二赋》册页（局部） 台北故宫博物院藏

赤壁賦

壬戌之秋七月既望蘇子與客泛

舟遊于赤壁之下清風徐来水

波不興舉酒屬客誦明月之詩

歌窈窕之章少焉月出于東山

之上徘徊於斗牛之間白露橫江

水光接天縱一葦之所如凌萬

頃之茫然浩浩乎如馮虛御風而

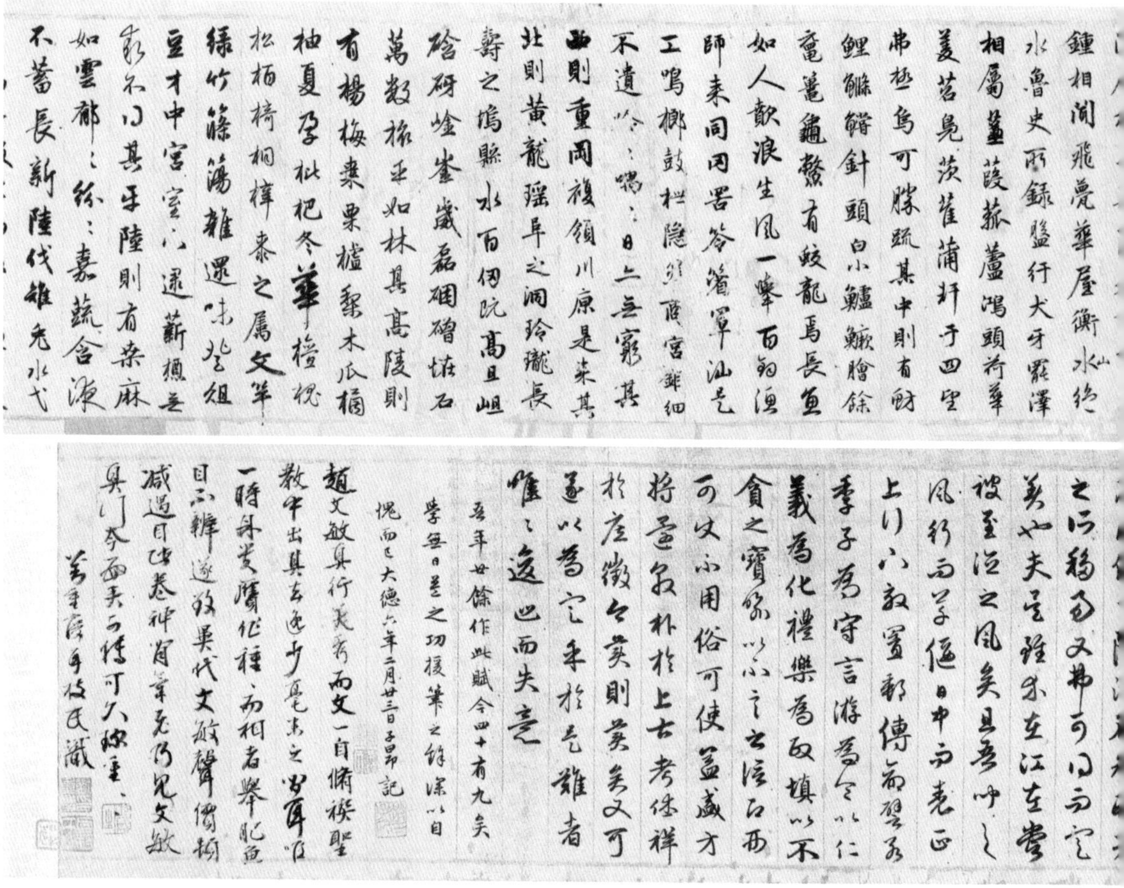

赵孟頫行书《吴兴赋》卷　浙江省博物馆藏

吴兴赋

桥兴体裁吴兴之为郡也荟
峯北峙牵山西迤龙腾兽
舞云蒸霞起造太空自古
始双溪夹流豁天目而来者
三百里曲折委蛇演漾连潴
东为磅湾汇为湖陂泓淳
皎激百尺无泺贯乎城中经于
诸毗东注长亘澗澹以天
为隐不然诚未知所以受之
观夫山川暎发照朗日月清
气焉钟冲和收集星列乎
斗野定泰伯之肤存宅自汉
而虞往开国泪晋城之揽
西下往开国泪晋城之揽
秀搜实沿流子雄面务作
是故应代慎牧志纶大
才选有识前有五场围虞
后有何柳郁苏风流手暎
治行同府清所以宣上德
意俾民驩娱沉乎土地之
所生风笔之仁宜人无外
家用之有饰其东则涂渥
膏硖毂辖之田宥麦荞收杭

不蓄长新陆伐雄先水弋
色鹰殖舟极之南亲十迤半衣
迤教伊慢拎卷者搢绅
先生明先云之道以道之
遠学校立库序服连振
戴章甫济济多士曰骑于
古画择元□用量常尊
玄泊陈篮盐选能去秉固
程读者在前政者在后难
容俯仰围楶苔奏成礼
而退神人和右当是之时
家有诗书之群户习虞
耻之道府笔取法列邪额
叙谋不斯之卷之之走难
曰自普论著之士昌尝名后
人物纪风俗裁夫人才者济
可之奥而风俗者为治之贞
如今徒据捃细碎挑此俟
长高谈不切烦燿自饰莫
大拎斯二者不在乃明而不
寨而子不在如儒应之曰居
子犹不闻夫子之言乎十室

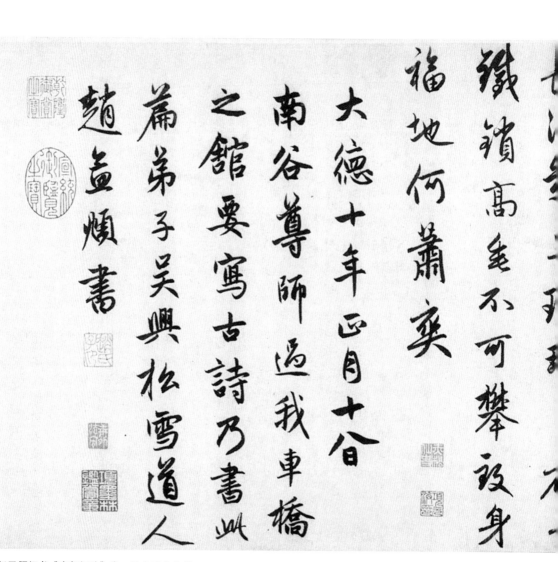

赵孟頫行书《玄都坛歌》卷　故宫博物院藏

玄都壇歌

故人昔隱東蒙峯

佩合景蒼精龍坂人

今居五午谷獨存陰崖

結茅屋前太古玄都

壇青石漠常風寒子

觀夜啼山竹裂王母畫

余十年前於吴中穫此卷盖
貞觀間國詮書有褚以障餘風
後有署銜趙模閣立本皆在
焉皇慶二年歸之蘭谷請善
藏之次年四月廿九日子昂書

皇慶二年元日應
制樂府萬年歡　中呂宮
閶闔初開四苍：曙色天上春迴
絳幘雞人時報禁漏頻催九奏
鈞天帝樂御香惹子官環珮鳴
鞘靜嵩岳三呼萬歲聲如雷
珠方異域盡来满彤廷貢琛
皇化無以日統
鼓羣
龍爮雲上絳綃蓬莱四海歡欣
聖德過唐虞三代年：宴王母瑤
池紫霞長進瓊杯
聖節廳
制樂府月中仙　道宮
春满呈州見祥烟擁日初照龍
楼宫花苑柳膜仙仗雲移金鼎
香浮寶光生符聽鳴鳳簫韶
樂奏德興和氣游天生
有雲成五色芝生三秀四海東平
聖人千載希有祥瑞電射虹流　桃
設武物雍丕朝野歌詫手官齊祚
舞玉杯進長生渦春顧皇慶萬年
天子與天同壽
皇慶三年元日
萬年歡

天子與天同壽
皇慶三年元日　萬年歡
天上春風来正陽和布澤斗柄杨
迴一柒祥雲捧日萬象生輝
帝德笑貽四表玉帛畫梯航来會
彤廷敵花覆手官紫霄鵷鷺袁佪
仁風徧满九味皇寬植緩引寶扇
徐開喜動
龍爮和氣蕩拉交泰九奏簫韶霏
樂戲尊舉麒麟香馥従今敘德
萬斯年
盂主福如天大
聖節長壽仙　道宮
瑞日當天對絳綃蓬莱非霧非烟
翠岩覆禁苑正琳景和芳妍絲
仕和風細搏御香飄满黄金殿喜
萬國會朝千官祥彙徳延同歡
福秘如山如川應玉墀流虹軫檻
飛電八音奏舞韶慶玉燭調元
歲：龍集鳳葦九重春醉蟠桃
宴天下太平祝吾
皇壽与天地齊年

赵孟頫行书《万寿曲》卷　故宫博物院藏

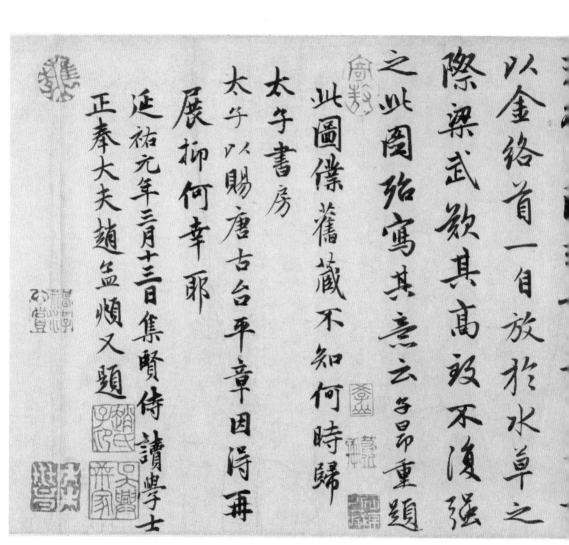

以金络首一自放於水草之
際梁武欲其高致不復強
之此圖絡寫其意云子昂重題

此圖儀舊藏不知何時歸
太子書房
太子以賜唐古台平章因得再
展柳何幸耶
延祐元年三月十三日集賢侍讀學士
正奉大夫趙孟頫又題

赵孟頫跋韩滉《五牛图》卷　故宫博物院藏

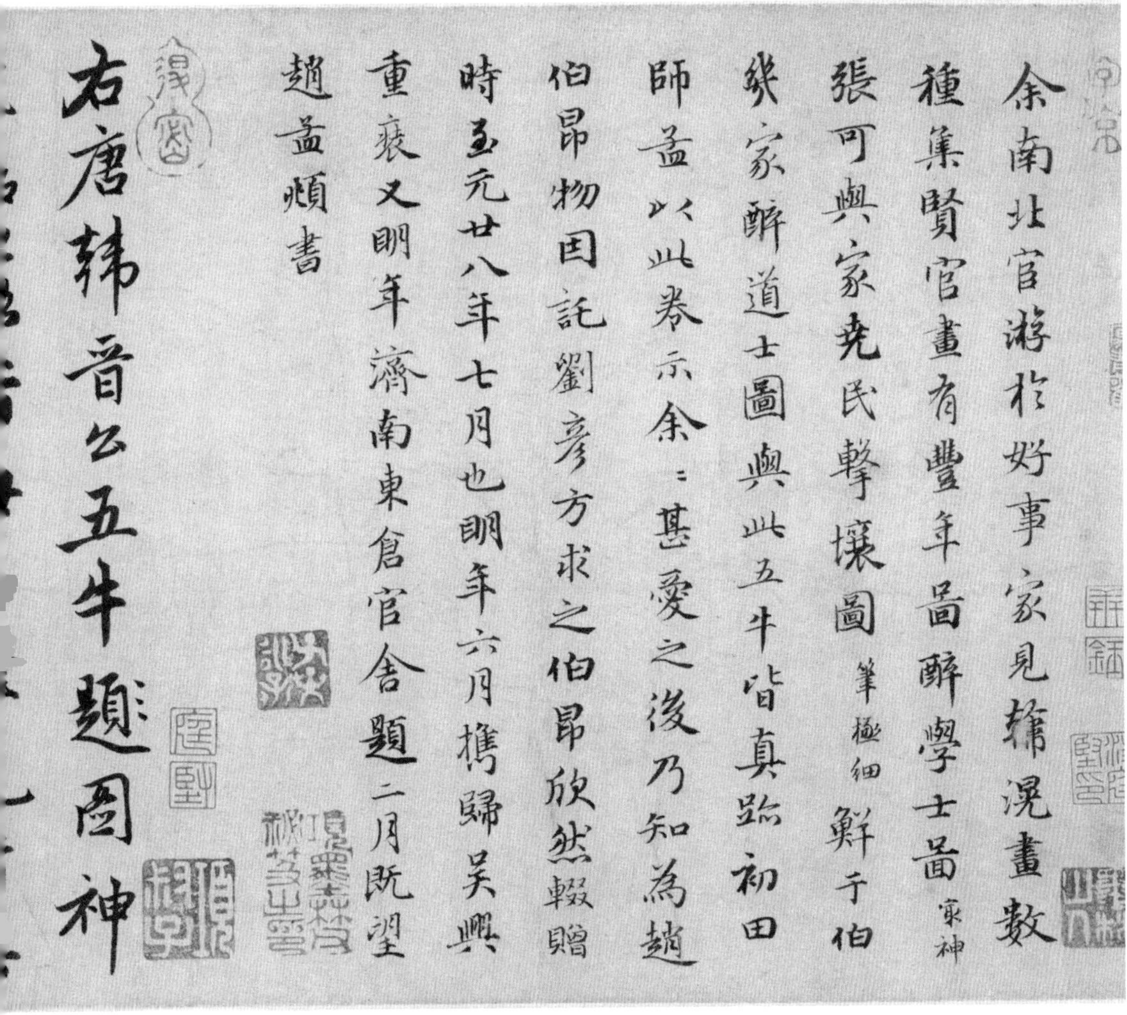

右唐韓晉公五牛題圖神

趙孟頫書

重裝又明年濟南東倉官舍題二月既望

時至元廿八年七月也朙年六月携歸吳興

伯昂物因託劉彥方求之伯昂欣然輙贈

師孟以此卷示余二甚愛之後乃知為趙

縱家醉道士圖與此五牛皆真蹟初田

張可與家尭民擊壤圖筆極細鮮于伯

種集賢官畫有豐年圖醉學士圖凍神

余南北官游於好事家見韓滉畫數

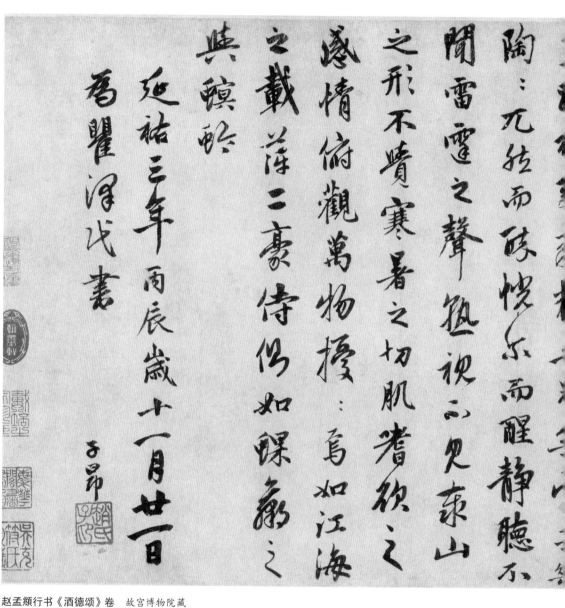

陶兀然而醉怳尔而醒静聴不

闻雷霆之声熟視不見泰山

之形不覺寒暑之切肌嗜欲之

感情俯觀萬物擾扰焉如江海

之載萍二豪侍侧俨如蜾蠃之

與螟蛉

延祐三年丙辰歳十一月廿一日

吳興趙孟頫書

子昂

赵孟頫行书《酒德颂》卷　故宫博物院藏

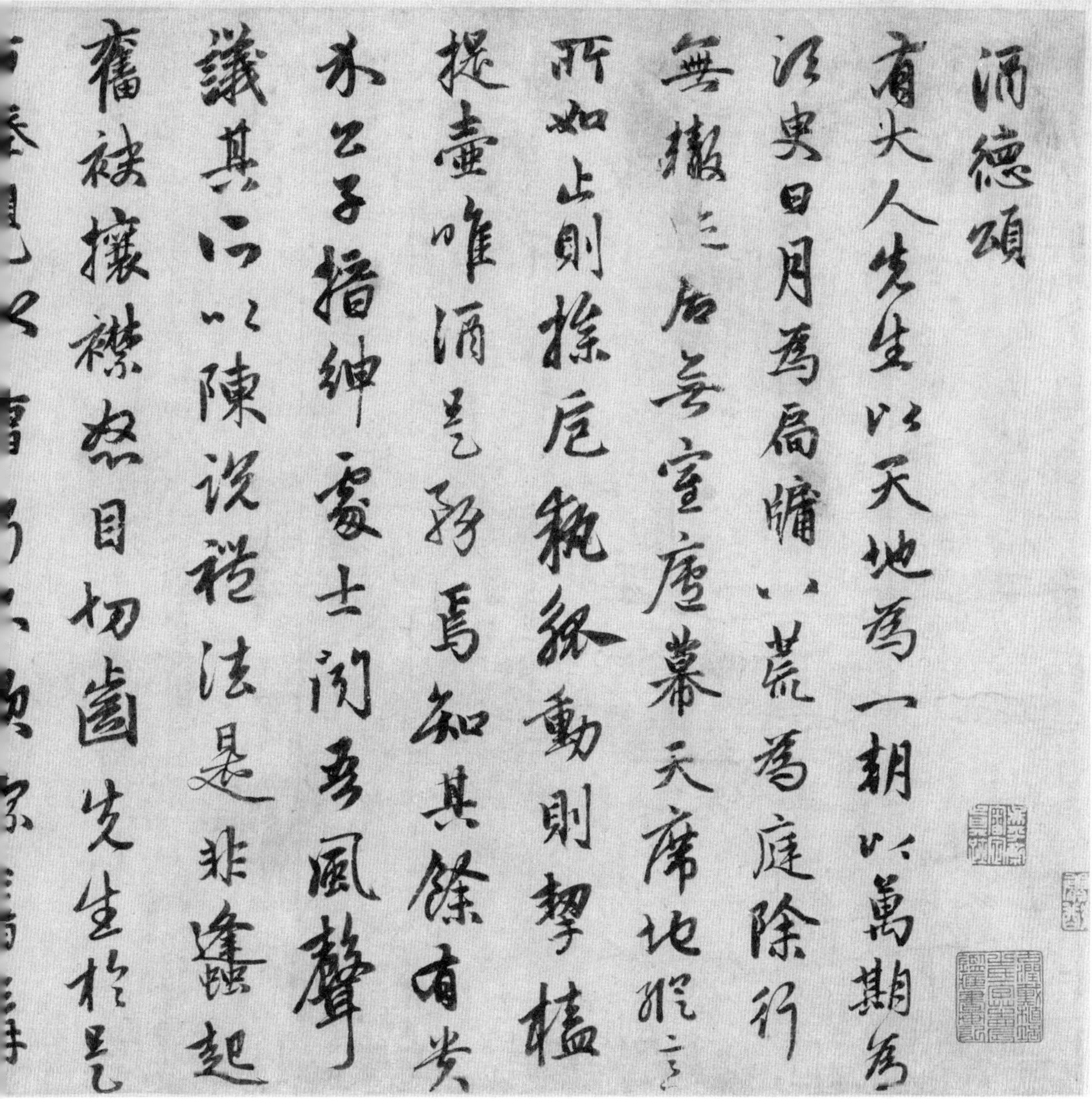

酒德頌

有大人先生以天地為一期以萬期為

須臾日月為扃牖八荒為庭除行

無轍跡居無室廬幕天席地縱意

所如止則操卮執觚動則挈榼

提壺唯酒是務焉知其餘有貴

介公子搢紳處士聞吾風聲

議其所以陳說禮法是非鋒起

奮袂攘襟怒目切齒先生於是

赵孟頫行书《与山巨源绝交书》卷　故宫博物院藏

康白：足下昔稱吾於潁川，吾嘗謂之知言。然經怪此，意尚未熟悉於足下，何從便得之也？前年從河東還，顯宗、阿都說足下議以吾自代，事雖不行，知足下故不知之。足下傍通，多可而少怪；吾直性狹中，多所不堪，偶與足下相知耳。間聞足下遷，惕然不喜，恐足下羞庖人之獨割，引尸祝以自助，手薦鸞刀，漫之膻腥，故具為足下陳其可否。

吾昔讀書，得並介之人，或謂無之，今乃信其真有耳。性有所不堪，真不可強。今空語同知有達人無以勝，無以自解。近不達人情，不涉世故，恐不堪其任耳。又讀《莊》《老》，重增其放，故使榮進之心日頹，任實之情轉篤。此由禽鹿，少見馴育，則服從教制；長而見羈，則狂顧頓纓，赴蹈湯火；雖飾以金鑣，饗以嘉肴，愈思長林而志在豐草也。

阮嗣宗口不論人過，吾每師之而未能及；至性過人，與物無傷，唯飲酒過差耳。至為禮法之士所繩，疾之如仇，幸賴大將軍保持之耳。吾不如嗣宗之賢，而有慢弛之闕；又不識人情，闇於機宜；無萬石之慎，而有好盡之累，久與事接，疵釁日興，雖欲無患，其可得乎？

又人倫有禮，朝廷有法，自惟至熟，有必不堪者七，甚不可者二：臥喜晚起，而當關呼之不置，一不堪也。抱琴行吟，弋釣草野，而吏卒守之，不得妄動，二不堪也。危坐一時，痹不得搖，性復多蝨，把搔無已，而當裹以章服，揖拜上官，三不堪也。

素不便書，又不喜作書，而人間多事，堆案盈機，不相酬答，則犯教傷義，欲自勉強，則不能久，四不堪也。不喜弔喪，而人道以此為重，已為未見恕者所怨，至欲見中傷者；雖瞿然自責，然性不可化，欲降心順俗，則詭故不情，亦終不能獲無咎無譽，如此五不堪也。

不喜俗人，而當與之共事，或賓客盈坐，鳴聲聒耳，囂塵臭處，千變百伎，在人目前，六不堪也。心不耐煩，而官事鞅掌，機務纏其心，世故煩其慮，七不堪也。又每非湯、武而薄周、孔，在人間不止此事，會顯世教所不容，此甚不可一也。剛腸疾惡，輕肆直言，遇事便發，此甚不可二也。以促中小心之性，統此九患，不有外難，當有內病，寧可久處人間邪？又聞道士遺言，餌朮黃精，令人久壽，意甚信之；遊山澤，觀魚鳥，心甚樂之；一行作吏，此事便廢，安能捨其所樂而從其所懼哉！

夫人之相知，貴識其天性，因而濟之。禹不偪伯成子高，全其節也；仲尼不假蓋於子夏，護其短也。近諸葛孔明不偪元直以入蜀，華子魚不強幼安以卿相，此可謂能相終始，真相知者也。

是人书俱老，信手拈来，笔到法随，变化多端，诚如文徵仲所说："妙绝可爱，赵书传世颇多，此其第一帖也。"[1]考察赵孟頫行书的风格特点及成就，概括起来主要有以下几点：

首先是取法右军而旁及诸家，功力深厚。赵孟頫天资聪敏，但他能够成为中国书坛的常青树，成为影响后世的一代大家，主要是靠他后天的努力。赵孟頫一生醉心于山阴，据说他临《兰亭》就达数百遍之多，反复揣摩临习，可见用功之勤。从他所临的《兰亭》来看，由于对此帖烂熟于心，故临写时成竹在胸，形神兼备，极尽飘逸隽秀和轻清典丽之致，甚至有人评其为"胜唐宋勾拓者一等"。[2]又有人评曰："公平日博观历代真迹石刻，深求古人笔意，其挥翰时如庖丁鼓刀、郢匠运斤，不动神色而自合矩度，岂俗笔可得而拟耶？"[3]说明赵孟頫不仅师法王羲之，凡古人之"真迹石刻"，无不深求其笔意，苦心力学，功夫高深，正如陶宗仪所说："公之书所以妙者，无帖不习也。"[4]对于北宋名家如苏、黄、米、蔡等也绝不排斥，他曾有《评宋十一家书》一帖，对宋人书法给予了充分地肯定，同时也对他产生了一些影响，如他题苏东坡《醉翁亭记》时说："余观此帖，潇洒纵横，虽肥而无墨猪之状，外柔内刚，真所谓'绵裹铁'也。夫有志于法书者，心力已竭而不能进，见古名书则长一倍。余见此，岂止一倍而已。"[5]

其次，师古而不泥古是赵孟頫取得成功的关键。赵孟頫对王羲之极力推崇，但却不受其所囿，有继承又有所创新，卓然成家。他吸收了右军的行笔细腻而又增加了圆润但又不失蕴藉沉稳，结构上则变右军之跌宕起伏为平正秀丽加之宽博，并融入了唐人的法度，使得其总体风格呈现出一派雍容平和气象，观之使人赏心悦目。有人说赵孟頫的行书缺少变化，如明代莫是龙批评说："右军之言曰：'平直相似，状如算子，便不是书，但得其点画耳。'文敏之瑕，正坐此耶！"[6]今

[1]　明·张丑《清河书画舫》卷十下，文渊阁四库全书本。
[2]　见《赵孟頫临兰亭册》其后跋语，载《书法丛刊》第七辑，12 页。
[3]　明·董斯张《吴兴备志》卷二十五《书画征》，文渊阁四库全书本。
[4]　明·陶宗仪《南村辍耕录》卷七《赵魏公书画》，中华书局，1959 年版，81 页。
[5]　明·汪珂玉《珊瑚网》卷四《东坡书醉翁亭记》，文渊阁四库全书本。
[6]　清·倪涛《六艺之一录》卷二百八十六《明莫云卿评书》，文渊阁四库全书本。

赵孟頫、黄公望、徐贲《快雪时晴书画合璧卷》（局部） 故宫博物院藏

人亦以此来贬低赵的行草，认为"实质上所得到的仅是王书的法度，并且被他程序化了，失却了王书形式表现技法上的丰富多变性及其清逸的风韵和艺术创造精神"[1]，这是以偏概全之论。观赵孟頫行书，有的作品尤其是早年作品或应酬之作，因过于注意用笔与结构的精致，确实少变化，但这并不能代表赵孟頫书法的全部。

如上文所述晚年所作《与山巨源绝交书》，不但在用笔、结体上极尽变化之致，即使在用墨上，也是浓淡相兼，时有枯笔，致使墨分五彩，变化多端。另外赵孟頫的尺牍信札更是如此，字形大小错落，行草兼杂，牵带呼应，虽信手挥洒，但却能随机应变，奇正相生，绝无"平直相似，状如算子"之态，以是论之，则莫氏之说大谬！顺带说明一点，以上所述多是小行书，赵孟頫亦常作大字行书，如《周易系辞》《归去来辞》《烟江叠嶂诗》等，是为赵孟頫尝试之作，但其水平远比不上小字行书。用笔少提按变化，偶用偏锋，虽间用黄庭坚加长撇捺之法以取其势，用墨色浓淡来表现节奏，已是无力回天，与其小字行书不可同日而语。其中尤以为黄公望题的"快雪时晴"四大字最差，或以为"气贯神足，笔势浑厚，而且形神兼备"[2]，余不敢苟同。此四字大小匀一、缺乏变化不说，且明显是小笔写大字，用力重按，致使笔画直来直去，扁薄软弱。虽赵孟頫天资英迈，功力深厚，亦有其力不从心之处，可见"诸体兼善"之难。

---

[1] 徐利明《赵孟頫三论》，载《全国第四届书学讨论会论文集》，重庆出版社，1993年版，161页。

[2] 王连起《赵孟頫及其书法艺术简论》，《故宫博物院院刊》1994年第2期，61页。

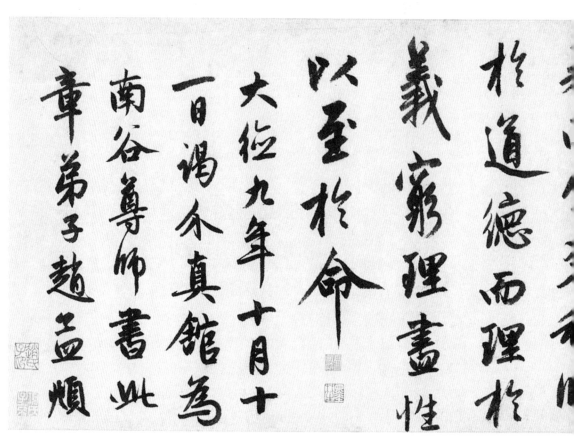

赵孟頫行书《周易系辞》卷　故宫博物院藏

昔者聖人之作

易也幽贊於神

明而生蓍參天

兩地而倚數觀

變於陰陽而立

卦發揮於剛

洒盈尊引壶觞以
自酌眄庭柯以怡颜
倚南窗以寄傲审
容膝之易安园日
涉以成趣门虽设
而常关策扶老以流
憩时矫首而遐观
云无心以出岫鸟倦
飞而知还景翳
以将入抚孤松而盘桓
归去来兮请
息交以绝游世与
我而相违复驾言

心任去留胡为遑遑
欲何之富贵非吾
愿帝乡不可期
怀良辰以孤往或
植杖而耘耔登
东皋以舒啸临
清流而赋诗聊
乘化以归尽乐
夫天命复奚疑

延祐五年二月廿
八日为云山书

赵孟頫行书《归去来辞》卷　湖州博物馆藏

歸去來辭

歸去來兮田園將
蕪胡不歸既自以
心為形役奚惆悵
而獨悲悟已往之不
諫知來者之可追
實迷途其未遠覺
今是而昨非舟遙遙
以輕飏風飄飄而吹
衣問征夫以前路
恨晨光之熹微乃
瞻衡宇載欣載奔
僮僕歡迎稚子于候

攜歸去來兮請
息交以絕遊世與
我而相違復駕言
兮焉求悅親戚之
情話樂琴書以消
憂農人告余以春
及將有事于西疇
或命巾車或棹
孤舟既窈窕以尋
壑亦崎嶇而經丘木
欣欣以向榮泉涓
涓而始流善萬物之
得時感吾生之行

山开林麓断　仙江山清空我

小桥野店依山前　尘土雅有去路

行人稍度乔木外　寻无缘还君此

渔舟一叶江吞天　画三叹息山

吞天使君何从家　中故人应有

浮空本点须豪　归来篇

人间何处有此　古东坡烟江叠

境径欲往买二　嶂图诗　子昂

赵孟頫行书《烟江叠嶂图诗》卷　辽宁省博物馆藏

江上愁心千疊山　浮空積翠如雲煙、耶雲耶遠莫知煙空雲散山依但見兩崖蒼蒼暗絕壁中有百道飛來泉縈林絡石

須田其不見武昌樊口幽絕處東坡先生留五年春風搖江天漠暮雲卷雨山娟丹楓翻鴉伴松宿長松落雪驚晝眠楓花

赵孟頫《人骑图》卷　故宫博物院藏

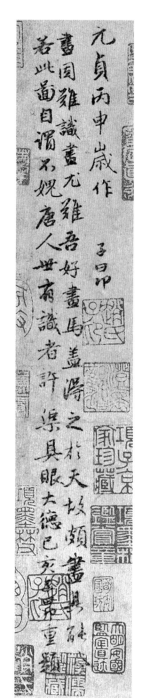

　　另外，在现存作品中，赵孟頫没有大草作品，他在评论鲜于枢时说："仆与伯机同学草书，伯机过仆远甚，极力追之而不能及。伯机已矣，世乃称仆能书，所谓无佛处称尊耳。"[1] 或以为这是赵孟頫谦虚谨慎、虚己待人的表现，不确。这从赵孟頫评论自己的绘画中可见一些端倪，如自题《人骑图》中说："画固难，识画尤难。吾好画马，盖得之于天，故颇尽其能，今若此图，自谓不愧唐人。世有识者，许渠具眼。"[2] 可见如果对自己的作品比较满意的话，他还是非常自负的，因此称自己草书不如鲜于枢，其实这是他的心里话。从鲜于枢的草书尤其是大草来看，确实要比赵孟頫高上一筹。赵孟頫之所以不擅这种张扬个性的大草，这可能与其性格内向、城府极深、不善表露自己有关。

　　2. 章草

　　赵孟頫的章草作品传世不多，全篇章草者更是少见，存世的三件临《急就章》，均是伪作，徐邦达先生有过详细考证。如现藏辽

[1]　明·朱存理《珊瑚木难》卷四《题伯机临鹅群帖》，文渊阁四库全书本。
[2]　原迹现藏北京故宫博物院。

宁省博物馆的《临皇象急就章》墨迹，落款是"至大二年九月十六日"，徐邦达先生认为此书虽是"元人仿书"，但仍有较高水平。[1] 这种"仿书"不仅能从侧面反映赵孟頫章草的面貌，同时也说明赵孟頫曾对《急就章》下过功夫，否则后人是不会凭空捏造的。此卷用笔尖秀光洁，"楷化"现象严重，如横画、捺画，均是以楷法写章草。结体略扁，整体脱却了章草古朴、厚重的气息，而倾向于轻巧、研美，且字字独立，笔法谨严，规整有序，体现了赵孟頫对章草的个人理解。

或许是受宋高宗的影响，赵孟頫对章草的临习从很早就开始了，至元二十四年（1287年）跋王献之《保母帖》的落款"孟頫"二字既以章草为之，其早期的一些作品落款多用这种形式，如《趵突泉诗》《二赞二诗》等，但这种题款与正文风格有些不统一，稍显突兀，故此后赵孟頫就很少用这种题款。另外据著录，元贞二年（1296年）赵孟頫跋王羲之《眠食帖》亦用章草书之。[2]

而晚年的《与山巨源绝交书》也时露章草笔意，并且把这种今草、章草相结合的形式写得炉火纯青，丝毫无矫揉造作之感，足证赵孟頫对章草用功之深。只可惜从仅存的几件章草作品中，无法更清晰地了解赵孟頫章草的风格变化，其师法也大概以《急就章》为主。然而后世对赵孟頫的章草给了过高的评价，如黄惇先生就曾说："章草一体自晋之后，鲜有问津者，赵氏在全面回归的同时，也注意到了章草……此外，赵孟頫晚年作品《与山巨源绝交书》《酒德颂》等行草书中，融入了许多章草笔意，此亦为一大创举。"[3] 此说有待商榷，考察前代（尤其是宋代）章草书法发展的状况就能看出实际情况并非如此。首先，这种章草、今草相互融合的写法并不是赵孟頫开创的，李一氓曾有专文对这种融合模式的源流进行讨论，[4] 此不赘述。前人在融合过程当中是比较隐蔽的，如对赵孟頫书法影响很大的赵构就有一篇草书《洛神赋》，从表面来看是今草，而实

---

[1]　徐邦达《赵孟頫书画伪讹考辨》，载《赵孟頫研究论文集》，上海书画出版社，1995年版，128页。

[2]　项元汴在跋《王右军二谢帖》时揭道："余尝见黄素上《眠食帖》用章草，后赵文敏公题识亦用章草。"见明·郁逢庆编《续书画题跋记》卷一，文渊阁四库全书本。

[3]　黄惇《中国书法史·元明卷》，江苏教育出版社，2001年版，27～28页。

[4]　李一氓《章草、今草合模式之源流》，载《中国书法》2005年第4期，28～32页。

赵孟頫章草书《急就章》册页（局部）　上海博物馆藏

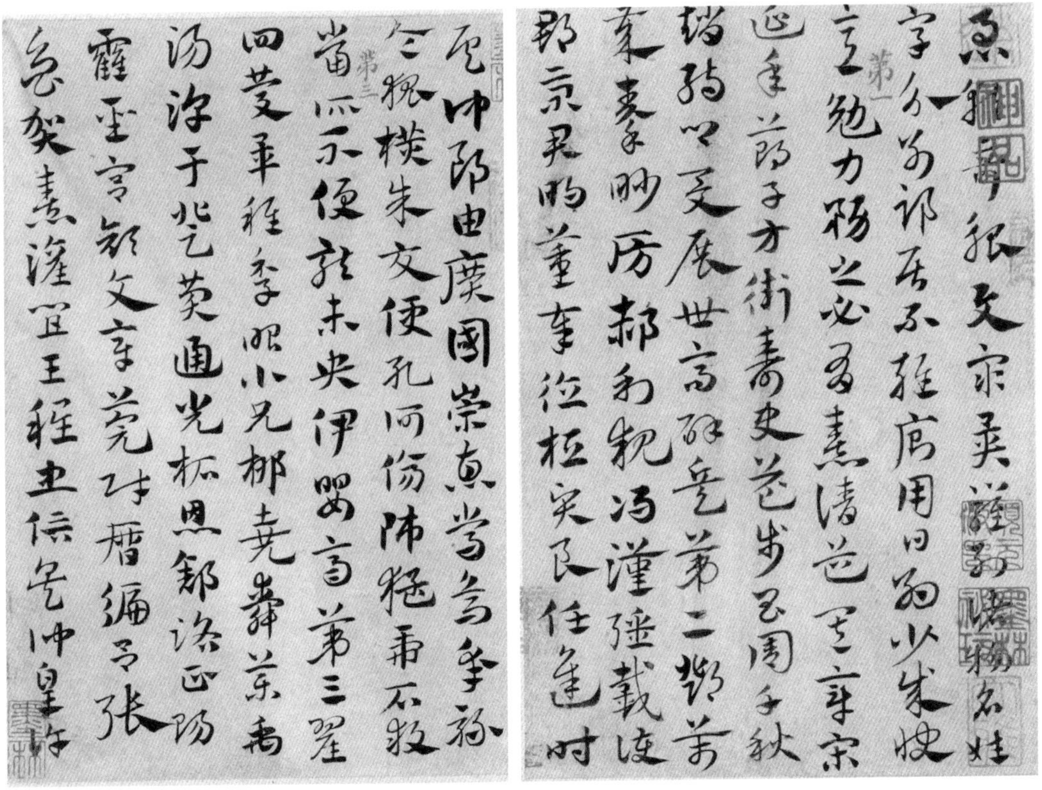

际上却掺入了许多章草的笔意，使得全篇古意甚浓，这需要仔细研读才能看得出来。然而赵孟頫将章、今草融合却给人的印象最深刻，因为他在以今草为主的作品当中，会陡然出现一些章草笔画，尤其是特点最突出的捺画，使观赏者眼前一亮，觉得非常新鲜。就是这种写法，也不是赵孟頫首创，南宋人就有这方面的创造。如陆游行草书《怀成都十韵诗卷》中，"骏"字就是章草，其中的捺画就是典型的章草写法——向右出锋。或许在此卷之中仅有这一字，且写得不是特别明显，才不被后人所注意。那么赵孟坚的跋徐禹功《雪中梅竹图》则更加明显，题跋中很多字都带有这种章草的波磔，虽然赵孟坚与赵孟頫没有过交往，但至少说明这种章草的波磔出现于今草当中的写法在南宋末期已经流行了，只不过未受到人们的重视。到了元初，随着对章草兴趣的逐渐提高，书家们把这种写法予以普遍化，如鲜于枢跋米友仁《云山图卷》（1290 年）、《王安石杂诗卷》（1291年）、《杜甫茅屋为秋风所破歌卷》（1298 年）等均用此法，如果以存世作品比较的话，鲜于枢的这些作品都比赵孟頫的《与山巨源绝交书》等要早，并且此时赵孟頫在大都，与江南文化圈的交流机会比较少，从而也说明这种章、今草融合在元初也不是起始于赵孟頫。而赵孟頫的作品当中出现这种写法最早的应是跋李衎《墨竹图》，并且在晚年时使用较多，除前面所举的《酒德颂》《与山巨源绝交书》外，甚至在信札中也时常用之，可见他晚年对这种写法的青睐。其后那些以赵孟頫为师法的如康里子山、俞和、杨维桢、宋克等人则把这种章、今融合的模式加以扩大，频频出现于书作当中，因此后人就把这种融合模式的开创之功错误地加在了赵孟頫身上。

其次，赵孟頫学习章草的目的并非是复古，很可能是为了学习今草而打下基础。正如郝经所说："收其放笔，以草为楷，以求正笔，可临章草。"[1] 这种观点实取自姜夔："大凡学草书，先当取法张芝、皇象、索靖等章草，则结体平正，下笔有源。然后仿王右军，申之以变化，鼓之以奇崛。若泛学诸家，则字有工拙，笔多失误，当连者反断，当断者反续，不识向背，不知起止，不悟转换，随意用笔，

[1]　元·郝经《陵川集》卷二十三《移诸生论书法书》，文渊阁四库全书本。

任笔赋形，失误颠错，反为新奇。自大令以来，已如此矣，况今世哉！"[1]认为章草是草书的本源，学习草书之前要先学章草，然后再学习王羲之，这样才能"结体平正，下笔有源"，不致狂怪乱生。姜夔的书论对赵孟頫有很深的影响，因此他学习章草受姜氏启发的可能性是非常大的。当然在赵孟頫自己的书论中并没有提及这一点，然从俞和的论述中可以看出一些端倪，他在传赵孟頫所书《急就章》册后题诗一首："科斗久废篆隶存，章草一变启字源，鍾张史索法愈尊，后百千年世罕论，章语橐伙分部门，指陈诸事及虫鲲，风气朴古理不烦，晴窗展玩开蒙昏，书法一一手可扪，和今学之自有元，要与此书继后昆，庶使学者知本根，慎勿轻视保尔琨。"[2]俞和认为章草是草书的源头，《急就章》不仅自古就是开启童蒙之书，而且也是学书的"本根"，掌握了这种"风气古朴理不烦"的章草写法，其他一些技法也就迎刃而解了，从而来劝告学者要以此为本学习章草。俞和为赵孟頫的学生，他的思想完全可能是从赵孟頫处得来，因此与其说这是俞和的看法，倒不如说是赵孟頫的观点。可以说赵孟頫学习章草的目的起初是很单纯的，只不过为其行草打下基础而已，正如陆友所说："赵子昂学士，尝以皇象章草与王右军参考，十得八九，盖右军草书，本出于此。"[3]然而"无心插柳柳成荫"，元代的康里子山、俞和、杨维桢，明代的宋克等人在他的影响下亦多用功于此，甚至有些学习章草者弃古帖于不顾，而仅以赵孟頫所书为范本。再加之与赵同时且也善作章草的鲜于枢、邓文原等的地位和影响都不及赵孟頫，因此"元代章草复兴的领袖"这一耀眼的头衔便顺理成章地套在了赵孟頫的身上，受到后人的尊崇。当然，赵孟頫的影响之功是不容忽视的。

隶书

赵孟頫的隶书作品很少，见之于著录的记载也颇为简略，如吴升《大观录》

[1] 宋·姜夔《续书谱·草书》，载《历代书法论文选》，上海书画出版社，1979 年版，386～387 页。
[2] 《石渠宝笈初编》卷二十一《元赵孟頫书急就章一册》，文渊阁四库全书本。按：据徐邦达先生考证，此帖为俞和所临，但不管原作是谁，俞和所题诗却是真迹。
[3] 元·陆友《研北杂志》卷上，文渊阁四库全书本。

载其为焦彦实所书《四体千字文》（1319 年）中有隶书一体，吴升评论说："篆隶则追摹秦汉，真逼斯、邕，诚四体俱全，八法威备者，文敏晚年得意作也。"[1]又如孙星衍《寰宇访碑录》中有《敕赐贞文先生揭君之碑》，注曰："程钜夫撰，赵孟頫八分书，延祐五年（1318 年）二月。"[2]再如贡师泰《题子固所藏鲜于墨迹》中说："忽传河朔专行草，不让吴兴变隶分。"[3]

在现存的作品当中，仅现藏北京故宫博物院的《六体千字文》中有隶书一体，自清安岐《墨缘汇观》认为"非魏公真迹，类俞紫芝"[4]之后，得到了许多专家的认可，徐邦达、王连起先生也都认为是俞和作伪，赵志成先生认为是"临摹或伪造的赵书无疑"[5]。不过，不管是俞和作伪还是他人临摹，或是师法赵孟頫，或是以真迹为底本临仿，其总体风格还是与赵孟頫相类的，因此对于现存作品不多的赵氏隶书来说，此卷还是能从侧面反映出其师承与风格的。从该卷来看，用笔上粗细均匀，横画起笔采用露锋顿笔的楷书用笔，对称的竖笔呈相背状，捺画向右下纵引，短撇尖头尖尾，结体上则整齐平正，略呈长方，与汉魏时期的隶书特征极相符，可知杨载所言"隶则法梁鹄、锺繇"不虚，只因其是小字，无魏晋碑刻的端庄，显得呆板无神。隶书大兴于汉，魏晋已稍见萎靡，盛唐时期由于玄宗个人的喜好及社会风气和朝廷政策法令等的影响，书写隶书成为时尚，朝臣中相继涌现出大批善隶书家，出现了隶书中兴的局面。其后则又日趋沉寂，至宋代，更是江河日下。隶书的沉寂，其主要原因还是在于隶书已退出了实用舞台，被真、行书所代替。朱长文云："隶废已久，晋、唐诸公遂无复有知者……"[6]更何况宋人了。再加上宋初特有的"趋时贵书"现象，带有明显的功利目的，而这些

[1] 清·吴升《大观录》卷八《四体千字文卷》，《续修四库全书》第 1065 册，上海古籍出版社，2002 年版，436 页。

[2] 清·孙星衍《寰宇访碑录》卷十一，《石刻史料新编》第一辑第二十六册，台湾新文丰出版公司，1982 年版，20052 页。

[3] 元·贡师泰《玩斋集拾遗》，文渊阁四库全书本。

[4] 清·安岐《墨缘汇观》卷二，天津市古籍书店影印，1993 年版，70 页。

[5] 赵志成《〈赵孟頫系年〉辨证》，载《赵孟頫研究论文集》，上海书画出版社，1994 年版，490 年。

[6] 宋·朱长文《续书断》，《历代书法论文选》，上海书画出版社，1979 年版，350 页。

調陽雲騰致雨露結為霜

調陽雲騰致雨露結為霜

調陽雲騰致雨露結為霜

調陽雲騰致雨露結為霜

調陽雲騰致雨露結為霜

調陽雲騰致雨露結為霜

权臣们又多不善隶书，自然隶书的状况就是"门前冷落鞍马稀"了。虽然有些人也在写隶书，但取法不高，诚如姜夔所说"国初以来多作唐体"[1]，即使有称取法"汉隶"者，如王洙、杨畋等人，也是如《熹平石经》等汉魏时期的隶书，在宋人看来这时期的隶书已是"汉世旧法"了。这种观念一直影响到元代，如吾衍就说："隶书，人谓宜扁，殊不知妙在不扁，挑拔平硬如折刀头，方是汉隶体。"[2] 陶宗仪更是直截了当："汉隶者，蔡邕《石经》及汉人诸碑上字是也。"[3]

这对于崇尚复古、以魏晋为师法的赵孟頫来说也是一样，他以楷法写隶书，从而造成整体风格古意不足，其隶书艺术成就平平也在情理之中。虽然赵孟頫篆隶书成就与其他书体相比稍显逊色，但在振兴有元一代篆隶书法方面所做的努力和贡献，具有不容忽视的意义。虞集曾说："且魏晋以来善隶书以名世，未尝不通六书之义，不通其义则不得文字之情，制作之故。安有不通其义，不得其情，不本其故，犹得为善书者乎？吴兴赵公之书名天下，以其深究六书也。"[4] 在赵孟頫的倡导下，元代书家深究六义，结合字学研究书法，出现了许多关于文字方面的著述，如应在《篆体异同歌》、陆友《八分小篆歌》、周伯琦《六书证伪》等，使得濒于沉寂的篆隶书法在元代蔚然成风，呈现出了特有的风貌。

篆书

赵孟頫的篆书见于著录的有《酒德颂》《太白登东岳诗》《大道歌》等，但未传世。存世的也不多，多见于一些碑额之中，如《三门记》《妙严寺记》《胆巴碑》《张总管墓志铭》《淮云院记》《长明灯记》等。正如杨震方所说："（赵孟頫）应他人作楷、行书，已不胜其烦，故不复轻作篆，间有篆书小品而已，丰碑绝无。"[5] 从这些碑额中，我们见不出有《石鼓》的影子，况且赵孟頫的篆书全是小篆，结字、用笔与《石鼓》绝然不同。不过，赵孟頫最初师法《诅楚文》确实有

[1] 宋·姜夔《绛帖评》卷一，文渊阁四库全书本。
[2] 元·吾衍《学古编·三十五举》，《篆书丛书》，中国书店，1984 年版。
[3] 元·陶宗仪《书史会要》，上海书店，1984 年版，15 页。
[4] 元·虞集《道园学古录》卷三十一《六书存古辨误韵谱序》，文渊阁四库全书本。
[5] 杨震方《碑帖叙录》，上海古籍出版社，1985 年版。

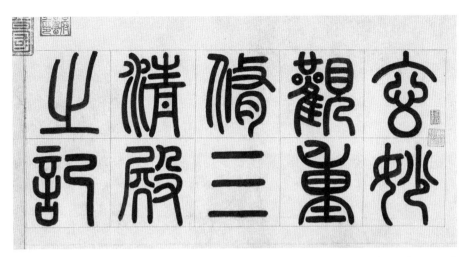

赵孟頫篆书《玄妙观三清殿记》卷题额　私人藏

其可能性，因为该石就出土于宋代，且《汝帖》《绛帖》中均有翻刻，赵孟頫完全是有机会看到的。《诅楚文》是战国时期秦国刻石，"字形有很多与小篆相同或相近"[1]，且结体较小篆扁方。赵孟頫的早期篆书可能就以此为主，如《王深及妻宁氏合葬志》志盖篆书及《三门记》《三清殿记》等的题额，用笔均匀，转曲柔美，结体扁方，姑且不论其中《合葬志》由于刻工的原因，笔画圆钝，转折也极不自然，但在《三门记》墨迹中，其所书篆书在笔画收笔处多用出锋，露出一个小尖，这与宋刻本《诅楚文》的收笔是一致的。另外赵孟頫写篆书，经常是用笔上是小篆笔法，而字形则是大小篆相杂，如《杭州福神观记》篆额，其中"杭"字的木字旁、"州"字等都是大篆写法，而"神"字更是明显，与《诅楚文》中"神"字写法相类似，其区别是将原本方折的地方变成圆转。而晚年的篆额，如《妙严寺记》，则体势加长，笔画粗细均匀，结体平衡，又是以二李、徐铉等为师法。方孝孺云："近代赵魏公子昂爱鼎臣书，所作大小篆多类鼎臣。"[2] 他自己也曾说："篆法自秦李斯至宋吴兴道士张有而止，后世的的有所据依。"[3] 又陶宗仪

[1]　丛文俊《中国书法史·先秦秦代卷》，江苏教育出版社，2002 年版，331 页。
[2]　明·方孝孺《逊志斋集》卷十八《题宋舍人篆书》，文渊阁四库全书本。
[3]　元·陆友《研北杂志》卷上，文渊阁四库全书本。

《书史会要》称赵孟頫与吾衍"相厚善",而吾衍即是以擅写篆书闻名当时,著有《周秦刻石音释》《学古编》等,且"专法李阳冰"[1],王祎也曾说:"为说者曰,篆籀之学,至宋季其敝极矣。国朝以来,子行(吾衍)始倡其说,以复于古,而吴兴赵文敏实和之,其学乃大明。"[2]因此有可能是在吾衍的影响下,赵孟頫晚期对篆书的认识有所变化而改师二李等人。元明清人对赵孟頫的篆书还是较为推崇的,如元郑元佑赞曰:"皇元笃生赵文敏,扫世糠粃开群盲。龙翔凤翥彩云晚,夹以日驭扬双旌。"[3]明王世贞亦云:"第睹其配割匀整,行笔秀润,出矩入规,无烦造作,恍若所谓残雪滴漏、蔓草含芳之状。"并认为是"出徐骑省、周右丞上"。[4]清王澍也说"独赵吴兴,复振起于宋末丧乱之余,渊雅骏峭,比其行楷尤为殊绝,直可上追斯、喜,下比少温"[5],"篆学自李丞相后,一振于少温,再振于子昂"[6],把赵孟頫与秦之李斯、唐之李阳冰并列,甚至称其篆书比行楷还好,肯定了赵孟頫对篆书的振兴之功,可谓推崇备至。

晋唐以来,篆书逐渐衰落,至元明清初则已是低谷期,但由于篆书除具有玺印和碑额、志盖等特殊用途之外,亦是小学教育的基础内容,宋太宗时"尝命徐铉、句中正刊定许慎《说文》,正天下字学,六书之义乃得不废,以隆于今"[7]。这种在文字教育政策上的优势以及"小篆的繁难,使它保持了近乎永恒的魅力"[8],使得篆书在宋元时尚有一席之地,故仍有不少书家在写篆书,如陶宗仪《书史会要》中所载元人善篆隶者就达上百人之多。如果纯从艺术风格方面考察的话,这些人的篆书成就都不高,赵孟頫也不例外。首先,赵孟頫向来有"用笔如飞"的美誉,称其一日能书万字而首尾如一,可见其功力深厚,然而这"用笔如飞"

[1] 元·陆友仁《研北杂志》卷上,文渊阁四库全书本。

[2] 明·王祎《王忠文公集》卷七《吾丘子行传》,丛书集成初编本。

[3] 元·郑元佑《侨吴集》卷二《古书行赠吴孟思》,文渊阁四库全书本。

[4] 明·王世贞《弇州四部稿》卷一百三十一《赵文敏公篆书千文》,文渊阁四库全书本。

[5] 清·王澍《虚舟题跋·元赵子昂篆书酒德颂真迹》,《历代书法论文选续编》,上海书画出版社,1993年版,660页。

[6] 清·王澍《虚舟题跋·元赵孟頫大道歌篆书》,《历代书法论文选续编》,上海书画出版社,1993年版,661页。

[7] 宋·朱长文《续书断》,《历代书法论文选》,上海书画出版社,1979年版,321页。

[8] 丛文俊《篆隶书基础教程》,上海书画出版社,2005年版,54～55页。

却是他篆书的最大弊端。如《故总管张公墓志铭》，因用笔过快而导致笔力靡弱，尤其是在转笔处和笔画相接的过渡处，均过于随意。其次，宋元时人对篆书有其独到的认识，尤其是在李阳冰那种线条粗细匀一、结体对称的"玉箸"篆法的影响下，人们的审美趣尚开始倾向于这种"超凡的功力"，甚至"当时不管书家的笔下是什么状态，工匠都会把线条凿刻修摹得精圆匀一，如果有人不按照这种风格写篆，人们就会嘲笑其不懂篆法"[1]。赵孟頫也没有脱俗，他有时为了追求这种笔画粗细匀一的效果，竟用烧毫或秃毫书写，如《胆巴碑》碑额即是如此。因此总体来说，赵孟頫的篆书成就较其楷、行书相差甚远，不可同日而语。

---

[1] 丛文俊《篆隶书基础教程》，上海书画出版社，2005年版，23～24页。

受学化不能魏晋法度坡耳後

人化苦心隐僻破琉不为古法不能

者以而考後者一览此卷是素法 不端

俯仰流出為字已見以不及之也

延祐五年十月廿三日為彦清書翰林

学士承旨荣禄大夫知制诰兼修国史赵孟頫書

松雪斋书论

（《醉翁亭记》）北宋学士东坡苏公之笔，赵子固家藏旧物也，今为伯田冯先生所得。余在京时尝见此卷于高仁卿家，前后有子固印识，今悉亡之，想为俗工裁去，讵谓神物，而灾亦见侵如是，然而字画未损，犹幸甚耳。或者议坡公书太肥，而公却自云："短长肥瘦各有度，玉环、飞燕谁敢憎？"又云："余书如绵裹铁。"余观此帖潇洒纵横，虽肥而无墨猪之状，外柔内刚，真所谓"绵裹铁"也。夫有志于法书者，心力已竭，而不能进，见古名书则长一倍，余见此，岂止一倍而已。不识伯田之所自得又几何？

大德二年二月廿三日，与周公谨集鲜于伯机池上，郭右之出右军《思想帖》真迹，有龙跳天门、虎卧凤阁之势，观者无不咨嗟叹赏神物之难遇也。

《兰亭》墨本最多，惟"定武"刻独全右军笔意。

昔人得古刻数行，专心而学之，便可名世。况《兰亭》是右军得意书，学之不已，何患不过人耶？

学书在玩味古人法帖，悉知其用笔之意，乃为有益。右军书《兰亭》是已退笔，因其势而用之，无不如志，兹其所以神也。

书法以用笔为上，而结字亦须用工，盖结字因时相传，用笔千古不易。右军字势古法一变，其雄秀之气出于天然，故古今以为师法。齐、梁间人结字非不古，而乏俊气，此又存乎其人，然古法终不可失也。

《兰亭》与《丙舍帖》绝相似。

东坡诗云："天下几人学杜甫，谁得其皮与其骨？"学《兰亭》者亦然。黄太史亦云："世人但学《兰亭》面，欲换凡骨无金丹。"此意非学书者不知也。

大凡石刻，虽一石，而墨本辄不同，盖纸有厚薄、粗细、燥湿，墨有浓淡，用墨有轻重，而刻之肥瘦、明暗随之，故《兰亭》难辨。然真知书法者，一见便当了然，正不在肥瘦、明暗之间也。

右军人品甚高，故书入神品。奴隶小夫，乳臭之子，朝学执笔，暮已自夸其能，薄俗可鄙！可鄙！

临帖之法欲肆不得肆，欲谨不得谨；然与其肆也，宁谨。非善书者莫能知也。廿年前为季博临《乐毅》殆过于谨。

《保母碑》虽近出，故是大令当时所刻，较之《兰亭》，真所谓"因应不同"，世人知爱《兰亭》，不知此也。丙戌冬，伯机得一本，继之公谨丈得此本，令诸人赋诗，然后朋识中知有此文。丁亥八月，仆自燕来还，亦得一本，又有一诗僧许仆一本，虽未得，然已可拟。世人若欲学书，不可无此。仆有此，独恨驱驰南北，不得尽古人临池之工，因公谨出示，令人重叹。

凡作字虽戏写，亦如欲刻金石。

书贵纸笔调和，若纸笔不称，虽能书亦不能善也。譬之快马行泥泽中，其能善乎？

学书有二：一曰笔法，二曰字形。笔法弗精，虽善犹恶；字形弗妙，虽熟犹生。学书能解此，始可以语书也。

阁帖跋

书契以来远矣，中古以六艺为教，次五曰书，书有六艺，象形、指事、谐声、会意、转注、假借。书由文兴，文以义起，学者世习之，四海之内罔不同也。秦灭典籍，废先王之教，李斯变古篆，程邈创隶书，隶之为言徒隶之谓也，言贱者所用也。汉承秦弊，舍繁趣简，四百年间，六义存者无几。汉之末年，蔡邕以隶古定《五经》洛阳辟雍，以为复古。观者车日数百辆。其后隶法又变，而真、行、章草之说兴。言楷法则王次仲、师宜官、梁鹄、邯郸淳、毛宏；行书则刘德升、钟氏、胡氏；章则崔瑗、崔寔、张芝及弟张文舒、姜孟颖、梁孔达、田彦和、韦仲将、张超之徒，咸精其能。至晋而大盛。渡江后，右将军王羲之总百家之功，极众体之妙，传子献之，超轶特甚，故历代称善书者必以王氏父子为称首，虽有善者，蔑以加矣。当是时，江左号礼乐衣冠之国，而北朝尚用武，其遗风流俗，接于耳目，故江左人士以书名者传记相望。历隋而唐，文皇尚之，终唐之世，善书者辈出。其大者各自名家，逸其名者不可胜数，亦可谓盛矣。

赵孟頫《兰亭十三跋》册页（局部）（日本）东京国立博物馆藏

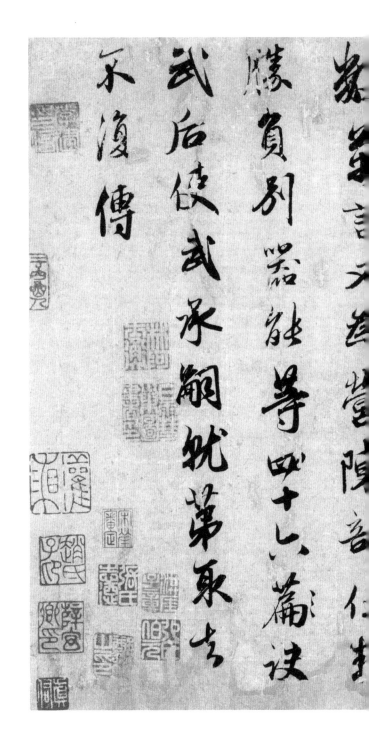

赵孟頫行书《书论裴行俭书法》册页
台北故宫博物院藏

裴行儉工草隸名家帝
嘗以絹素詔寫文選覽之
秘愛其賚賜物良厚
行儉每曰褚遂良非精筆
佳墨未嘗輒書不擇筆
墨而妍捷者余與虞世南

宋兴，太宗皇帝以文治，制诏有司，捐善贾购法书，聚之御府；甚者或赏以官。时五代丧乱之余，视唐所藏，存者百一，古迹散落，帝甚悯焉。淳化中诏翰林侍书王著以所购书，由三代至唐厘为十卷，摹刻秘阁，题曰上石，其实木也。既成，赐宗室大臣人一本。自此，遇大臣进二府，辄墨本赐焉。后乃止不赐，故世尤贵之。黄太史曰：禁中板刻古帖，皆用歙州贡墨，墨本赐群臣，今都下用钱万二千，便可购得。元祐中，亲贤宅借板墨百本，分遗官僚，用潘谷墨，光辉有余，而不甚黟黑，又多墨横裂，文士大夫或不能尽别。由此观之，刻同而墨殊，亦有以也。

甲申岁五月，余书铺中得古帖三卷：第二、第五、第八；明年五月又得七卷，多第八，缺第九。六月，以其多者加公权帖一卷，于钱塘康自修许易得第九卷，始为全书。虽墨有燥湿轻重，造有工苦，皆为淳化旧刻无疑，是可宝也。自太宗刻此帖，转相传刻，遂遍天下。有《二王府帖》《大观》《太清楼帖》《绍兴监帖》《淳熙修内司帖》《临江戏鱼堂帖》《利州帖》《黔江帖》，卷帙悉同。又有庆历长沙刘丞相《私第帖》《碑工帖》，尚书郎潘师旦《绛州帖》《绛公库帖》，稍加损益，卷帙亦异。其他琐琐者又数十家，不可悉记。而《长沙》《绛州》最知名，要皆本此帖，书法之不丧，此帖之泽也。余因记得帖之由，遂摭其本末著于篇。

各家评论摘录

若夫赵孟𫖯之书，温润闲雅，似接右军正脉之传，妍媚纤柔，殊乏大节不夺之气。

——明·项穆《书法雅言》

吾于书似可直接赵文敏，第少生耳。而子昂之熟，又不如吾有秀润之气。惟不能多书，以此让吴兴一筹。

吾乡陆宫詹以书名家，虽率尔作应酬字，俱不苟且，曰："即此便是学字，何得放过？"陆公书类赵吴兴，实从北海有入，客每称公似赵者，曰："吾与赵同学李北海耳。"

书家以险绝为奇，此窍惟鲁公、杨少师得之，赵吴兴弗能解也。今人眼目为吴兴所遮障。

——明·董其昌《画禅室随笔》

结字，晋人用理，唐人用法，宋人用意。用理则从心所欲不逾矩。因晋人之理而立法，法定则字有常格，不及晋人矣。宋人用意，意在学晋人也。意不周帀则病生，此时代所压。赵松雪更用法，而参以宋人之意，上追二王，后人不及矣。为奴书之论者不知也。

赵殊精工，直逼右军，然气骨自不及宋人，不堪并观也。

学前人书从后人入手，便得他门户；学后人书从前人落下，便有挈把。汝学赵松雪，若从徐季海、李北海入手，便古劲可爱。

——清·冯班《钝吟书要》

子昂书俗，香光书弱，衡山书单。

学董不及学赵，有墙壁，盖赵谨于结构，而董多率意也。

——清·梁巘《评书帖》

永兴书浑厚，北海则以顿挫见长，虽本原同出大令，而门户迥别。赵集贤欲以永兴笔书北海体，遂致两失。集贤临智永《千文》，乃是当行，可十得六七矣。

刘诸城云："松雪自当为一大宗，既或未厌人意，然究无以易之。"此就元人而论，谓鲜于、康里诸公皆非松雪之匹耳。

松雪行书以《天冠山》为最，北海肖子也。世人艳称《民瞻十札》已属次乘，《梅花诗》则自《郐》无讥矣。

——清·吴德旋《初月楼论书随笔》

松雪书用笔圆转，直接二王，施之翰牍，无出其右。前明如祝京兆、文衡山俱出自松雪翁，本朝如姜西溟、汪退谷亦从松雪出来，学之而无弊也。惟碑版之书则不然，碑版之书必学唐人。如欧、褚、颜、柳诸家，俱是碑版正宗，其中著一点松雪，便不是碑版体裁矣。譬如清庙明堂，林居野馆，截然两途，岂可浑而一之哉。或曰："然则何不径学唐人，而必学松雪，何也？"余曰："吾侪既要学书，碑版翰牍须得兼备，碑版之书其用少，翰牍之书其用多，犹之读三百篇，《国风》、《雅》、《颂》不可偏废，书道何独不然。"

张丑云"子昂书法温润闲雅，远接右军，第过为妍媚纤柔，殊乏大节不夺之气"，非正论也。褚中令书，昔人比之美女婵娟，不胜罗绮，而其忠言谠论，直为有唐一代名臣，岂在区区笔墨间，以定其人品乎！

——清·钱泳《书学》

元赵孟頫楷书摹拟李邕。

——清·阮元《北碑南帖论》

子昂如挟瑟燕姬，矜宠善狎。

吴兴书笔专用平顺，一点一画、一字一行，排次顶接而成。古帖字体大小颇有相径庭者，如老翁携幼孙行，长短参差，而情意真挚，痛痒相关。吴兴书则如市人入隘巷，鱼贯徐行，而争先竞后之色人人见面，安能使上下左右空白有字哉！其所以盛行数百年者，徒以便经生胥史故耳。然竟不能废者，以其笔虽平顺，而来去出入处皆有曲折停蓄。其后学吴兴者，虽极似而曲折停蓄不存，惟求匀净，是以一时虽为经生胥史所宗尚，不旋踵而烟销火灭也。

吴兴用意结体，全以王士则《李宝成碑》为枕中秘。

——清·包世臣《艺舟双楫》

赵集贤云："书法随时变迁，用笔千古不易。"古人得佳帖数行，专心学之，便能名家。……盖赵文敏为有元一代大家，岂有道外之语？所谓千古不易者，指笔之肌理言之，非指笔之面目言之也。

——清·周星莲《临池管见》

子昂得《黄庭》《乐毅》法居多。邢子愿谓右军以后惟赵吴兴得正衣钵，唐、宋人皆不及也。

——清·朱和羹《临池心解》

吴兴、香光，并伤怯弱，如璇闺静女，拈花斗草，妍妙可观，若举石臼，面不失容，则非其任矣。自元、明来，精榜书者殊鲜，以碑学不兴也。

——清·康有为《广艺舟双楫》

附 录

常用印章

赵

赵

赵氏子昂

赵孟頫印

大雅

赵氏书印

水精宫道人

松雪斋

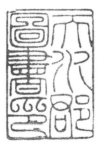

天水郡图书印

澄怀观道

赵孟頫年谱考订

关于赵孟頫的年谱，按出版发表时间的先后有：日本外山军治《赵孟頫年谱》，任道斌《赵孟頫系年》，孙国彬《赵孟頫年谱》，戴丽珠《赵孟頫文学与艺术之研究·年谱》，黄惇、石凤《赵孟頫年表》。赵志成先生曾作《〈赵孟頫系年〉辨证》（以下简称《辨证》）专文，对《系年》中的错误、作品真伪等作了部分考证，今在《辨证》的基础上，对赵氏年谱作进一步地补充考证。

1254年　宋宝祐二年　甲寅　一岁

九月十日，赵孟頫生。有说赵孟頫出生地为建康（今南京）。（参见吉田良次著《赵子昂人与艺术》十六页）但多数说赵孟頫出生地为吴兴，故存疑待考。

1258年　宋宝祐六年　戊午　五岁

赵孟頫入小学，所学书法已为乡人所重。赵与訔除秘阁修撰、江西转运副使兼知隆兴府。

是条据陶宗仪《辍耕录》卷七《赵魏公书画》载："尝见《千字文》一卷……公自题云：'……因思自五岁入小学学书，不过如市人漫尔学之耳，不意时人持去可以鬻钱……'"此《千字文》书于何时，无从可知，但似非五岁所书，且至赵成名后"时人"方"持去可以鬻钱"，并未说是其五岁时"书法已为乡人所重"，故此"所学书法已为乡人所重"一句纯属蛇足。《赵孟頫年表》亦袭此说。

又，《松雪斋文集·先侍郎阡表》载："六年，（赵与訔）除秘阁修撰、江西转运副使兼知隆兴府。"而《宋史》卷四十四《理宗纪》："（宝祐六年）六月癸巳，台臣戴庆炯劾淮东总领赵与訔，夺职镌秩。"知《先侍郎阡表》避开此事不谈，是为讳也。

1265年　宋咸淳元年/蒙古至元二年　乙丑　十二岁

传是年冬作《浩然图》，当为伪作。清吴其贞《书画记》卷三《赵松雪浩然图绢画一幅》："长约二尺……识八字曰：'至元二年冬日，子昂。'"按：至元二年，赵孟頫尚年少，且宋未亡，不能属元纪年，故此图伪作无疑。

1267年　宋咸淳三年/蒙古至元四年　丁卯　十四岁

赵孟頫以父荫补官。《赵文敏公行状》："年十四，因父荫补官。"

"年十四，因父荫补官"为《元史》卷一七二《赵孟頫传》所载，《行状》中未有此句。关于《元史》与《行状》的不符，证已见前。

1268年　宋咸淳四年/蒙古至元五年　戊辰　十五岁

传是年春二十八日书《出师陈情二表》，伪作。《石渠宝笈》卷十《元赵孟頫书出师陈情二表一册》："宋笺本，行楷书，凡四十三幅，款云：'至元五年春二十八日孟頫书。'下有赵子昂氏一印。"按：至元五年即宋咸淳四年，此时宋尚未亡，身为南宋臣民，不应直书元帝纪年，盖伪品无疑。

1269年　宋咸淳五年/蒙古至元六年　己巳　十六岁

传是年四月八日题赵大年《江村秋晓图》，伪。清吴升《大观录》卷十三《赵大年江村秋晓图》："……大年吾宗祧也。摹右丞《江干雪霁图》，偶过密斋案头，展玩再三，题此以识。至元六年四月八日，孟頫。"按：此误与上条同，当属伪品。

1272年　宋咸淳八年/蒙古至元九年　壬申　十九岁

是年又书《蝇赋》。试中国子监，注真州司户参军。

据《行状》："未冠，试中国子监，注真州司户参军。"未冠，即未满二十岁，但未说明即是十九岁，故此处应谨慎处之，加"不晚是年"为上。

1280年　元至元十七年　庚辰　二十七岁

八月十六日，作《自书诗帖卷》。《石渠宝笈》卷三十一《元赵孟頫自书诗帖一卷》："素绢乌丝阑本，行书，五言古诗六首。款识云：'至元庚辰秋仲既望，吴兴赵子昂书于清远堂。'"按：疑此"五言古诗六首"即《咏怀六首》，载《松雪斋文集》卷二。又：黄惇、石风《赵孟頫年表》该年条有"是年冬，临《镜智禅师铭》"语，误。按：《石渠宝笈》卷十一《元赵孟頫书镜智禅师铭一册》："素绢本，楷书。款识云：'至元后庚辰岁杪，钦心书于寿丘山龙华会上。'未署名，下有'赵氏子昂''松雪斋'印二。后副页有赵肃跋一册，计二十幅。"至元后庚辰为1340年，与"至元庚辰"仅一字之差，然此时孟頫已去世十八年，伪作无疑。《年表》之误盖抄自冼玉清《元赵松雪之书画》一文。

1284年　元至元二十一年　甲申　三十一岁

是年春正月，作《大雄寺佛阁记》一文。《大雄寺佛阁记》："阏逢涒滩之岁，春正月，长兴大雄寺僧道成使其徒得恩以书来谒……"按：阏逢，为天干中甲的别称；涒滩，太岁在申也。"阏逢涒滩之岁"即甲申之岁。

1286年　元至元二十三年　丙戌　三十二岁

十一月一日，孟頫为李衍跋王羲之《眠食帖》。管伸与孟頫相往还，以为其必显贵，许女管道昇与孟頫，择为佳婿，当不晚是年。所谓王羲之《眠食帖》，实际就是《豹奴帖》的局部，该帖至元代时仅存前二行，元人见有"眠食"二字，故以此命名，赵孟頫虽精于鉴赏，仍有此误，借此纠正。

是年，与周上卿相识，并为其室题额。清吴其贞《书画记》卷三《赵松雪炼液图纸画一卷》载："……图后临王右军小楷《黄庭经》一篇，书法圆健，风神潇洒，不下于刻本。文衡山谓松雪楷书直接右军衣钵，诚非虚誉。经后识云：'周上卿，吴之隐君子也，擅轩岐之业，尤修精好道，以百家众技，无不究心。余切慕之，往岁曾过其居，识其人，并署其室之额，经五载矣。予向留京邸，无由接见，于退朝之暇，漫写小图并摹《黄庭》一篇寄赠。他日客中叩其庐者，此卷可作一公案。时至元辛卯四月三日，吴兴赵孟頫。'""至元辛卯"为至元二十八年，上溯"五载"，当为是年。按：周文英，字上卿，号梅隐。杨维桢曾作《周上卿墓志铭》。

1287年　元至元二十四年　丁亥　三十四岁

八月，孟頫在杭州会周密，为题晋王献之《保母帖》。时当识鲜于枢。《松雪斋文集》卷三《哀鲜于伯机》："忆昨闻令名，官舍始相识。我方二十余，君发黑如漆。"可知赵孟頫早在二十几岁时就与鲜于枢相识了,据戴立强《鲜于枢年谱》考证,赵、鲜相识当不晚于至元十五年(1278年)。[1]

又,是年八月,应鲜于枢之请为其父之《鲜于府君墓志铭》书丹,而鲜于枢又赠琴于赵。详见戴立强《鲜于枢年谱》。黄惇、石风《赵孟頫年表》认为《墓志铭》作于是年六月,不知何据,误。按:是年六月赵孟頫始在京任奉训大夫兵部郎中,并于此月与刘宣赴江南。而从大都至江南需一个多月时间,又赵在《跋王献之保母帖》中有"丁亥八月,仆自燕南还"语,已说得很明白了,可见《年表》之误。该志铭周砥撰,赵孟頫正书。拓本现藏上海图书馆,《续三堂法帖》收刻。小楷书《跋摹本曹娥碑》,不晚于是年九月。此跋为小楷,纸本。现藏辽宁省博物馆。清孔继涑《谷园摹古法帖》卷二十收刻。跋曰:"《曹娥碑》正书第一,欲学书者不可无一善刻,况得其真迹,又有思陵书在右乎?右之藏室中,夜有神光烛人者,非此其何物耶?吴兴赵孟頫书。"下钤"赵氏子昂"朱文印。跋后未署年款,但后有郭天锡"至元丁亥九月望日"一跋,故知赵跋当书于此时之前,从风格上看,师法锺繇,当为其早年作品,姑附于此。

十二月,书朱子与刘屏山所和诗三章送吴澄归江南。虞集《道园学古录》卷四十四《故翰林学士资善大夫知制诰同修国史临川先生吴公行状》:"(至元)二十四年归,朝廷老成及宋之遗士在者,皆感激赋诗钱之。故宋宗室赵文敏公孟頫,方召为兵部郎官,独书朱子与刘屏山所和诗三章以遗,一时风致,识者叹之。"

1288年　元至元二十五年　戊子　三十五岁

作《次韵叶公右丞纪梦》诗。《松雪斋文集》卷三《次韵叶公右丞纪梦》有"前年有诏举逸民,一旦驰驿登天府"句,"前年"即至元二十三年(1286年)。

1289年　元至元二十六年　己丑　三十六岁

秋。八月十五日,行书《五言古诗》六首。《石渠宝笈》卷三十一《元赵孟頫自书诗帖一卷》款识云:"至元庚辰秋仲既望,吴兴赵子昂书于清远堂。"

《石渠宝笈》中明明记载此作为"至元庚辰秋仲既望"时所书,不知《系年》

---

[1]　戴立强《鲜于枢年谱》,载《书法研究》2000年第3期,96页。

缘何附于此。又，“既望”应为望（农历十五）之后一日，故“秋仲既望”应为“八月十六日”，类似错误，《系年》多如是，此不一一列举。

九月七日，作《与王子庆札》。详见《书法丛刊》1992年总第29期《宋元名人诗笺册》，为元人抄本，其后云：“至元廿六年九月七日信笔书去子庆，必不以为过也。”是年，应野翁之请书小楷《禊帖源流考》，并致野翁信札一封附于内。清孙承泽《庚子销夏记》卷八著录。据帖后赵孟頫自跋：“余二十年前为郎兵曹，野翁谒选都下，求余书《兰亭考》……至大二年岁在己酉十二月廿四日，孟頫书。”知此卷为二十年前所书，上推即至元二十六年。又帖后有“奈今日见此简，真是惭惶杀人也”语，知致野翁信札与《禊帖源流考》书于同时。按：黄惇《从杭州到大都——赵孟頫书法评传》及黄惇、石风《中国书法全集·赵孟頫卷·作品考释》中均称“应曹野翁之请”，系断句之误。“野翁”似姓朱，元姚燧《牧庵集》卷三十三有《送朱教授野翁赴都下》，与赵孟頫帖中自跋“野翁谒选都下”相合。程钜夫、张之翰等人皆有诗相奉，然其生平不详，俟考。

1291年　至元二十八年　辛卯　三十八岁

六月望日，张之翰题赵孟頫《诗意图》于大都。张之翰《西岩集》卷十八《题诗意图》：“此图赵集贤写茅山梁中砥送僧道存意也。中砥黄冠能诗者……至元辛卯六月望日，题于大都所居之西斋。”秋，临褚摹《兰亭序》卷。该卷现藏美国。帖后款云：“至元辛卯秋日临褚河南禊帖正本。孟頫”。后有张伯淳、赵孟籲、仇远等跋。

1292年　至元二十九年　壬辰　三十九岁

作《初到济南》诗，见《松雪斋文集》卷四。作小楷《常清静经卷》。按：是卷现藏美国。作《张詹事遂初亭》诗（《松雪斋文集》卷二），当不晚于是年。按：张詹事，即张九思。据《元史》卷一六九《张九思传》，至元十九年，立詹事院，张九思为右丞。二十二年，欲罢詹事院，因张九思力阻，未果。三十年进拜中书左丞兼詹事丞，三十一年，成宗嗣位，改詹事院为徽政。而至元二十九年以后，赵孟頫一直在济南任上，直至修《世祖实录》方返京，故得此论。

1293年　至元三十年　癸巳　四十岁

　　孟頫作诗和刘敏中，送赵璧返京，似当在此春。按：据诗中"看见池塘草又生"句，此诗应作于春天。又此诗列于《初到济南》诗后，因缀于此。世传孟頫于是年所书《太湖石赞》等四诗帖卷，当为伪作。

　　《松雪斋文集》所列诗文并未按创作时间排列，以此来断定时间，不确。《太湖石赞》等四诗帖卷，即《二赞二诗帖》，现藏故宫博物院，徐邦达先生考证为真迹，并认为"此帖应写于元贞元年秋至大德二年春"[1]。

　　是年，作《垂钓图》。见《神州国光集》卷五。又作《瀺图》（册页）。见《支那名画大成》卷六。

1295年　元贞元年　乙未　四十二岁

　　六月十一日，在京为友人鉴定《唐摹褉序神龙本》。汪珂玉《珊瑚网·法书题跋》卷一《唐摹褉序神龙本》，款云："定武旧刻在人间者，如晨星矣。此又落落若启明者耶。元贞元年夏六月，仆将归吴兴，叔亮内翰以此卷求是正，为鉴定如右。甲寅日甲寅人赵孟頫书。"王连起先生认为神龙《兰亭》后的赵孟頫此跋是移配的，与神龙本毫无关系，而且也不是跋定武《兰亭》。[2]

　　十二月二十七日，书致石民瞻《许惠碧札》。详见单国强《赵孟頫信札系年初编》，以下凡不另注明的赵孟頫书札均引自此文。

1296年　元贞二年　丙申　四十三岁

　　一月十日，孟頫绘《人马图》。据闻，美国纽约克劳佛先生藏有《赵氏三世人马图》，纸本墨色，高30厘米。是图为《三世人马图》之一，其他二幅分别为赵雍、赵麟画并题。原卷纵30.03厘米，横177.1厘米。上钤"赵氏子昂"一朱文印。现藏美国纽约大都会博物馆。

　　正月初七，书致石民瞻《不闻动静札》。

　　仲夏，书《道德经》一册（五十一页）。《秘殿珠林》卷十五《元赵孟頫书道德经一册》："素笺本，款识云：'元贞二年仲夏，避暑玉山草堂书，吴兴赵孟

[1]　徐邦达《赵孟頫〈二赞·二诗帖〉》，载《书法丛刊》1995年第3期，2～4页。
[2]　王连起《赵孟頫临跋〈兰亭序〉考》载《故宫博物院院刊》1985年第1、2期。

頫.'前有黑绢本泥银画《授经图》，款云：'授经图，吴兴赵孟頫制.'后有危素跋一。计五十一幅。"

夏，书致石民瞻《雨中闷坐札》《雨中札》。

七月六日，书致石民瞻《令弟文书札》。

八月十五日中秋，观宋徽宗绘《明皇训子图》，叹赞不绝，为之倾倒，又为题跋，称宋徽宗瘦金书天骨遒美，逸趣蔼然。王连起先生认为"画既伪劣，跋更无凭乱造，无一笔似赵。乃清人向壁所构"[1]。

九月二十五日，书致高仁卿《翡翠石札》。

十二月二十八日，书致季统山长《付致素纸帖》。

冬，书致石民瞻《炀发于鬓札》。

是年，又有书致石民瞻《厚贶札》、致晋之足下《数日帖》、致野堂提举《不望风采帖》。

1297年　大德元年　丁酉　四十四岁

一月二十四日，书致石民瞻《远寄鹿肉札》。二月二十四日，书致吉卿郎中《前岁到杭帖》。是月，又书致进之提举《病来月余帖》。三月，书《无量寿经册》。《秘殿珠林》卷三《元赵孟頫书无量寿经一册》："磁青笺本，泥金书，款识云：'大德元年丁酉春三月，吴兴赵孟頫沐手敬书.'册首有佛像，后有韦驮像，俱泥金画，通计十一页。"是月，书《逍遥斋记》。清吴升《大观录》卷八著录，款云："大德元年三月书于松雪斋，子昂。"后有姚式题。

春，书致德辅教授《李长帖》。六月二十五日，书《金丹诀册》。《秘殿珠林》卷十五《元赵孟頫书金丹诀一册》："素笺本，楷书。款识云：'大德改元六月二十五日，松雪道人书.'下有'大雅''赵氏子昂''赵孟頫印'三印。前有'大雅'印一，后有'于统之印'印一，又半印不可识，末有'济南邢侗鉴定真迹'八字。计十四幅，幅高七寸八分，广四寸八分。"八月望日，作《大士像图》。《秘殿珠林》卷十二《元赵孟頫画大士像一轴》："素绢本，墨画。款识云：'大德

---

[1]　王连起《赵孟頫书画真伪的鉴考问题》，载《故宫博物院院刊》1996年第2期，30页。以下所引王连起先生观点未注明者均引于此。

元年八月望日，沐手拜写于松雪斋。子昂。'下有'松雪斋'印。高三尺九寸六分，广二尺四寸有奇。"十二月五日，书《归去来辞卷》，现藏上海博物馆。卷后款云："大德元年十二月五日，受益检校过仆松雪斋，天大寒，以火炙研，为写此文。孟頫。"按："受益检校"当是张谦，此时官江浙行省检校。

1298年　大德二年　戊戌　四十五岁

春，书致德辅教授《李长帖》。

四月十一日，书致德辅教授《奉答帖》。

五月十一日，管道昇阅宋人画《老子出关图》，并书《道德经》五千言。十五日题识。《秘殿珠林》卷十九《宋人画老子出关图一卷》："素绢本，着色画。图后有管道昇磁青笺本泥金小楷书《道德经》，款识云：'皇元大德二年五月十有一日，阅出关图，因书五千言以附卷左。十有五日，弟子管道昇稽首识。'后有钱逵、潘嚞二跋。"

七月十三日，临书《黄庭经》一卷。《秘殿珠林》卷十七《元赵孟頫书黄庭经一卷》："素笺本，款识云：'大德二年七月十三日，赵孟頫临。'拖尾有邓文原、王世贞、项元汴诸跋。"

九月二十六日，题李嵩《罗汉图》。《秘殿珠林》卷九《宋李嵩画罗汉图一卷》："素笺本，着色画。……拖尾赵孟頫跋云：'余尝见卢楞伽渡海罗汉像，最得西域人情态，故优入圣域。唐时京师多有西域人，耳目所接，语言相通故也。至五代王齐翰辈，虽画要与罗汉何异？余仕京师久，颇与天竺僧游，每于罗汉像有得。此卷为李嵩真迹，盖师楞迦而青于蓝者也。大德二年九月廿六日。赵孟頫。'"

是月，又书《太上感应篇卷》。《秘殿珠林》卷十七《元赵孟頫书太上感应篇一卷》："素笺本，楷书。款识云：'大德二年九月，吴兴赵孟頫谨书。'又自跋一，鲜于枢跋一，拖尾文徵明跋一，王世贞记语一。"

十二月既望，作《梅花书画卷》。是卷纸本，纵 24.2 厘米，横 138.2 厘米。前画梅花，后行书《梅花赋》，款题云："大德二年岁在戊戌暮冬既望书并画于松雪斋。子昂。"下钤"赵氏子昂"朱文印，书、画之间接缝处亦钤"松雪斋"朱文印。现藏北京私人手中，真伪俟考。

1299年　大德三年　己亥　四十六岁

二月十五日，过石室僧舍，得见琅函法藏中有《无量佛经》，敬书一册。

四月八日，书第二册。《秘殿珠林初编》卷三《元赵孟頫书无量寿经四册》："磁青笺本，泥金书。第一册款识云：'时大德三年春二月望日，过石室僧舍，得见琅函法藏中有无量寿佛经，因熏沐敬书，分为四帙，吴兴弟子赵孟頫。'第二册款识云：'大德三年夏四月佛诞日竟，三教弟子赵孟頫焚香敬书。'第三册款云：'吴兴弟子赵孟頫。'第四册款云：'吴兴弟子赵孟頫熏沐敬书。'每册前俱有黄笺金画佛尊者像。第一册计十四页，第二册计十九页，第三册、第四册俱二十页。"

四月八日，书《佛镜经》一册。《秘殿珠林初编》卷三《元赵孟頫书佛境经一册》："磁青笺本，泥金行书。款识云：'文殊师利菩萨……大德三年四月八日，吴兴弟子赵孟頫沐手敬书。'每卷前后俱有贝叶文经，前有佛像，后有韦驮像，俱泥金画，通计五十六页。"

1300年　大德四年　庚子　四十七岁

二月既望，临书《黄庭经》一册。《秘殿珠林初编》卷十七《元赵孟頫书黄庭经一卷》："素笺本，款识云：'大德四年二月之既望，吴兴赵孟頫临。'又自跋一。前有素绢本梁楷白描画《换鹅图》，款署梁楷。引首有文徵明大隶书'换鹅图'三字，款署徵明。拖尾有邓文原、凌宴如、倪瓒、许衡诸跋。"

三月二十日，作《画菜并题》。明李日华《味水轩日记》卷二载："十七日，客持示赵文敏《画菜》一幅，题云：'几年肉食走京尘，梦想山中菜甲春。归来倚舵江沙晚，烂煮香根永玉津。余归自京师，道经松陵，适风雨，系舟驿亭，煮菜以饭，味殊美，遂写此纸并赋。大德四年三月二十日，子昂。'"按：此时赵孟頫在浙江等处儒学提举任上，自称"归自京师"，与此不合，故此似为伪作。

是年冬，作《送石仲璋》诗。按：元刘敏中《中庵集》卷三《送石仲璋侍御赴河南肃政廉访使》原注："大德四年之冬十月。"与赵孟頫诗中"霜风何凄厉，兰萧同枯萎"所叙季节相同，故疑子昂诗即作于同时。石仲璋生平不详，俟考。

1301年 大德五年 辛丑 48岁

是年，孟頫为友人临王羲之《乐毅论》……《松雪斋续集·临右军乐毅论帖跋》："临帖之法，欲肆不得肆，欲谨不得谨。……廿年前为季博临《乐毅》，殆过于谨。……至治改元四月十一日题。"按："至治改元"上推"二十年"，应为大德五年，故列于此。季博即束季博。《松雪斋续集》所载与明人李日华《味水轩日记》所记有出入，《味水轩日记》卷二载："又赵子昂小楷《阴符黄庭内景经》一卷，款云：'大德六年十一月二十日，吴兴赵孟頫为束季博临。'又题云：'临书之法，欲肆不得肆，欲谨不得谨，与其肆也宁谨，非善书者莫能知也。二十年前为季博临《黄庭》，殆过于谨。今目昏手弱，不能作矣，漫题其末而归其子善甫。至治二年四月十八日，孟頫题。'"由此可知，赵孟頫为束季博所临不是《乐毅》而是《黄庭》，其时间为大德六年十一月二十日。再题的时间也不是"至治改元四月十一日"，而是"至治二年四月十八日"。按：《松雪斋续集》为清曹培廉于康熙十二年（1673年）所辑，而李日华见于明万历三十八年（1610年）六月四日，比前者早六十三年，且所记甚详，故应以《味水轩日记》所载为是。又，黄惇、石风《赵孟頫年表》在"大德四年"条中称此作于六月三日，且"大德五年"条又记"是年，为友人临王羲之《乐毅论》"，不知何据。《秘殿珠林初编》卷十五《元赵孟頫书度人经一册》："素笺印红格本，楷书。中有'管公楼'三字，旁有'仲姬手集'四字，盖孟頫妻管道昇制以书文集纸也。款云：'三教弟子赵孟頫书。'下有'天水郡图书记'印前有'松雪斋印'。第四幅有'赵'字印。前副页有老子像，款识云：'大德五年春日，弟子赵孟頫制。'下有'赵氏子昂'印，款字、印章俱与册中真迹不同，盖后人补作。计十九幅，幅高七寸有奇，广九寸三分。"

六月，书《阴符经》一卷。

八月十九日，作《列仙图》一册。《秘殿珠林初编》卷十八《元赵孟頫画列仙图一册》："素绢本，着色画。末幅款识云：'大德辛丑八月十九日画，吴兴赵孟頫。'计十幅，每幅有赵孟頫楷书'列仙小传'，下俱有'赵氏子昂'印一。"

八月二十四日，作《桐阴高士图》，似伪作。清吴其贞《书画记》卷一《赵松雪桐阴高士图绢画一卷》："长约三尺……识楷书二十一字曰：'大德五年庚子岁八月二十四日作于松雪斋，赵子昂。'"按：大德五年当为辛丑，不是庚子，故疑此作为伪。

十一月，行书《洛神赋》。见王连起、郭斌主编《赵孟頫墨迹大观》。款云："大德五年岁在辛丑十一月甲子，快雪时晴，书于松雪斋。子昂。"

1302年 元大德六年 壬寅 四十九岁

十一月二十日，为束季博书小楷《阴符黄庭内景经》一卷。明李日华《味水轩日记》卷二著录。详见上一年条。是年，行书《张衡归田赋》。《式古堂书画汇考》卷十六著录，《戏鸿堂法帖》收刻，现藏上海博物馆。徐邦达、傅熹年认为"不是赵孟頫作，后添赵款"，而谢稚柳、杨仁恺则认为是真迹。[1]

1304年 元大德八年 甲辰 五十一岁

二月十四日，楷书《画跋》。《石渠宝笈》卷二十一《元赵孟頫集册一册》，载第一幅楷书《画跋》，款云："大德八年春二月十四日，吴兴赵孟頫子昂。"此处之楷书《画跋》，即是《跋周文矩子建采神图》，现藏北京故宫博物院。全文为："右周文矩子建采神图，曾入绍兴内府，前有绍兴题识印款。傅彩温润，人物古雅，信为一种珍玩。子建舍曹氏无其人，但未详采神为何义，必有说，以俟知者。大德八年春二月十四日，吴兴赵孟頫子昂。"书体应是行楷，不是楷书。《石渠宝笈》所载不详，只以《画跋》为名，而《系年》又未详加考证，机械抄录而已。

1305年 元大德九年 乙巳 五十二岁

十月八日，孟頫仿锺繇笔法，书《大洞玉经》。是卷纸本（乌丝栏），纵 29.7 厘米，横 457 厘米，现藏天津市艺术博物馆。王连起先生认为此卷为伪作。五月十八日，楷书《麻姑仙坛记》。《石渠宝笈初编》卷三《元赵孟頫书麻姑仙坛记一册》："宋笺本，楷书。款识云：'大德九年夏五月十又八日，吴兴赵孟頫书。'下有'赵氏子昂'、'松雪斋'二印。"后有董其昌跋。

---

[1]《中国古代书画图目》第二册，文物出版社，1987 年版。

七月，题宋李永年《神仙图》。《秘殿珠林初编》卷十八《宋李永年画神仙图一册》："赵孟𫖯金书列仙小传，末幅款识云：'大德九年秋七月，吴兴赵孟𫖯书。'"

八月朔日，书《金刚经》。《秘殿珠林初编》卷三《元赵孟𫖯书金刚经一册》："粉笺本，行楷书。款识云：'大德九年八月朔日。吴兴弟子赵孟𫖯谨书。'计五十七幅。末有陆渊、陈继儒、叶向高、祝允明、文徵明诸跋。"

十月既望，画《老子授经图》并书《道德经》一卷。《秘殿珠林初编》卷十六《元赵孟𫖯书道德经一卷》："磁青笺本，泥金小楷书。款识云：'大德九年十月既望，吴兴赵孟𫖯沐手敬画并书。'后有'赵氏孟𫖯'、'子昂'泥金二印，经首有'赵'字、'松雪斋'泥金二印，后有柯九思印一。卷前有《老子授经图》，泥金画。图上隶书'老子小传'，画首有'神品'金印，又柯九思印一，又一印不可识。画后有王冕印一。笺高六寸六分，广六尺三寸七分。"

1306年　元大德十年　丙午　五十三岁

闰正月一日，书致王利用（国宾）《入城帖》（即《国宾山长帖》）。

闰正月二十三日，为端靖凝和大师书《清静经》。《秘殿珠林初编》卷二十《元赵孟𫖯书心经清静经赵由宸书金刚经合卷》："宋笺本，第一分楷书《心经》。款云：'赵孟𫖯书。'……第二分前画白描老子像，后行书《清静经》。款识云：'大德十年岁在丙午闰正月廿三日，太上弟子赵孟𫖯奉为端靖凝和大师胡公书。'"

五月十九日，跋宋刘松年《香山九老图》。《石渠宝笈》卷六《宋刘松年香山九老图一卷》："又赵孟𫖯跋云：'唐《九老图》，古今盛事，展卷便觉前贤典型去人不远，为之敬仰不已。吴兴赵孟𫖯观。'"据墨迹，《石渠宝笈》漏录"大德十年五月十九日"。

1307年　元大德十一年　丁未　五十四岁

《珊瑚木难》卷四，载黄溍《吴用晦墓志铭》……据《珊瑚木难》及《吴用晦墓志铭》文，知此志为胡长孺所撰，非黄溍。按：胡长孺（1240～1314），字汲仲，号石塘。永康人。著有《建昌集》《宁海漫抄》《颜乐斋稿》等。

八月，作《大元敕赐故荣禄大夫中书平章政事守司徒集贤院使领太史院事赠推忠佐理翊亮功臣太师开府仪同三司上柱国追封赵国公谥文定全公神道碑铭》。

见《松雪斋文集》卷七。

是年，书《上天眷命圣旨》。清李光映《金石文考略》卷十六著录。

1308年　元武宗至大元年　戊申　五十五岁

二月一日，书《金刚经》，当是伪作。《秘殿珠林初编》卷三《元赵孟頫书金刚经二册》："墨笺本，泥金书。下册款识云：'大德十二年二月一日，弟子赵孟頫敬书。'上册计二十幅，下册计四十幅。"按：大德无十二年之说，此时已改元至大。

十月二十三日，书《心经》一册。《秘殿珠林初编》卷二《元赵孟頫书心经一册》："宋笺本，行楷书。款识云：'至大元年十月廿三日，三宝弟子赵孟頫书。'"

是年，作行书段从周《止斋记》。现藏上海博物馆，详见《中国古代书画图目》第二册。

1309年　元至大二年　己酉　五十六岁

二月六日，临王羲之《十七帖》。清梁章钜《退庵所藏金石书画跋尾》卷七著录。

二月九日，书致中峰和尚《承教帖》。

三月三日，题李公麟《罗汉图》于松雪斋。《秘殿珠林初编》卷八《宋李公麟画罗汉一册》："素绢本，白描画。款云：'龙眠居士李公麟造。'每页左幅金粟笺本有赵孟頫书偈，末幅款识云：'至大二年春三月修禊日书于松雪斋中，吴兴赵孟頫。'计二十幅。后有郑元佑、邓文原、柯九思、张雨、王达诸跋，又明善、倪瓒记语各一。"

五月二十四日，临皇象《急就篇》，现藏上海博物馆。徐邦达先生认为"未见于前代著录"，且"结字、点画失步处甚多"，故是伪作。[1]

七月六日，赵孟頫重书《江南净土词十二首》。《壮陶阁书画录》卷六《元赵松雪望江南净土词卷》，款云："至大二年秋七月六日重书一过。"清顾复《平

---

[1] 徐邦达《赵孟頫书画伪讹考辨》，载《赵孟頫研究论文集》，上海书画出版社，1995年版，127～128页。

生壮观》卷四载："《望江南净土词》十二首……至大二年秋七月八日重书一首"，与《壮陶阁书画录》所载不同。该卷现藏香港私人手中，《辨证》认为是伪作。

九月十五日，赵孟頫临《皇象急就篇》，徐邦达先生认为是"元人仿书"，"但有较高的水平"。[1]王连起先生亦认为此卷"笔法笔法劲利但显尖薄，结构亦不稳妥，同赵孟頫至大年间书法的丰厚雄健完全不同。虽帖后明人题跋俱真，却也无补本帖之伪"。

十一月，作《山水》并题赠汪师照。《十百斋书画录》丙卷载赵孟頫题云："苍松万树锁烟梦，真逸岩居趣亦多。遥知兰草神仙境，眼底欣欣意有窝。至大己酉十月廿三日，茅山道友汪师照过访，留连十余日，写此奉赠。孟頫。"

是年，撰并书《平江北禅大慈讲寺大通阁记》。清李光映《金石文考略》卷十六载："至大戊申之明年，赵孟頫撰并书。"

1310年　元至大三年　庚戌　五十七岁

九日，似返吴兴，并绘《水草鸳鸯图》。《书画记》卷五《赵松雪写生水草鸳鸯图纸画一小幅》，识云："至大三年九月，写生于沤窟。子昂。"按："沤窟"即"鸥窟"，在吴兴孟頫故居。孟頫似当此时返吴兴，作进京准备。《书画记》卷五《赵松雪写生水草鸳鸯图纸画一小幅》中所记题款为"至大三年九日"，非九月，或为吴其贞误书，不可知。另，是月五日，孟頫已至南浔，为何中途返回，《书画记》所载此图是真是伪，皆无从考证，故该条所记，似嫌武断。此暂存疑，俟考。

是月，为友人绘《鸥波亭图》，并行书题诗于上。《书画鉴影》卷二十《赵文敏鸥波亭图轴》，楷书款云："至大三年六月，吴兴赵孟頫为吴彦良画。"行书题诗云："岸静树阴合，江清云气流。可怜无限景，诗思落扁舟。子昂又题。"按：《书画鉴影》与元王逢《梧溪集》所记有出入，其卷五《赵文敏公山水为董竹林山长题》序曰："公于画左题云：'至大三年六月望日，为吴彦良画。'并诗有'岸静树阴合，溪晴云气流'之句，想在鸥波亭作也。彦良，嘉禾人。"据王氏所记，

――――――――――

[1]　徐邦达《赵孟頫书画伪讹考辨》，载《赵孟頫研究论文集》，上海书画出版社，1995年版，128页。

时间应是"六月望日",当为可信。正月既望,书《淮云通上人化缘序并淮云诗》。详见顾善夫摹刻《乐善堂帖》。

四月五日,致顾善夫《政此驰想札》(暂名),《乐善堂帖》摹刻。

七月,作《轩辕问道图》。《秘殿珠林初编》卷十八《元赵孟頫画轩辕问道图一卷》:"素绢本,着色画。款识云:'至大三年七月,吴兴赵孟頫画。'拖尾有虞集跋一。"

九月,河间等路献嘉禾,有异亩同颖及一茎数穗者。皇太子命赵孟頫绘图,藏诸秘书监。按:《赵孟頫年表》将此事列于上一年,实误。其依据《元史》卷二十四《仁宗本纪》所载:"九月,河间等路献嘉禾,有异亩同颖及一茎数穗者,命集贤学士赵孟頫绘图,藏诸秘书。"但未系年,大概《赵孟頫年表》因此事之前是至大二年,故系于此。而《元史》卷五十《五行志》:"至大三年九月,河间路献嘉禾,有二亩同颖及一茎数穗者,敕绘为图。"综合二条史料,已无疑问。

九月初六,在前往大都途中,时至吴中。初八日,致顾善夫《寻足下不见札》(暂名),《乐善堂帖》收刻。详见本文第四章考证。十月三十日,书《道德经》一册,疑伪。《秘殿珠林初编》卷十五《元赵孟頫书道德经一册》:"磁青笺本,泥金行书。款识云:'老子道德经六十七章……至大三年十月晦日,翰林院侍讲学士承旨荣禄大夫知制诰兼修国史赵孟頫拜志。'"按:据杨载《行状》"庚戌十月,拜翰林侍读学士,知制诰同修国史",而题款中的"侍讲学士"是皇庆二年(1313年)六月、"荣禄大夫"是延祐三年七月才封的,故此《道德经》为伪作。

1311年　元至大四年　辛亥　五十八岁

二月二十七日,书至中峰和尚《长儿帖》。闰七月,书《老子》一卷。《秘殿珠林初编》卷十六《元赵孟頫书老子一卷》:"宋笺本,楷书。款识云:'老子书八十一章……辛亥闰七月,集贤侍读学士中奉大夫赵孟頫书。'"

1312年　元仁宗皇庆元年　壬子　五十九岁

正月十九日,书致次山总管《窃禄帖》。二月,作《观自在冥感偈》。明李日华《味水轩日记》卷六载其款云:"皇庆元年春二月,吴兴善男子赵孟頫谨识。"三月,书《定演大师道行碑》,碑在北京西城区,拓片现藏北京图书馆。

九月十五日，为进之书《雪赋》。明张丑《真迹日录》卷四《戏鸿堂帖摹刻赵文敏书·谢惠连雪赋》："皇庆改元秋九月望日，子昂为进之书。"

十月一日，书《金刚经》一卷。《秘殿珠林初编》卷六《元赵孟书金刚经一卷》："宋笺本，楷书。款识云：'皇庆改元岁次壬子冬十月朔旦，奉佛弟子集贤直学士吴兴赵孟頫斋沐敬书。'"

十二月一日，书《太上感应篇》一册。《秘殿珠林初编》卷十五《元赵孟頫书太上感应篇一册》："磁青笺本，泥金楷书。后附真西山序。款识云：'皇庆元年十二月朔日，吴兴赵孟頫熏沐敬书。'计八页"

是年，书致中峰和尚《吴门帖》。

1313年　元皇庆二年　癸丑　六十岁

元旦，孟頫在杭州应制《万寿曲》，并书呈仁宗，以祝岁始。此《万寿曲》应为《万年欢》，现藏北京故宫博物院，书写时间是皇庆三年（即延祐元年），石风、黄惇先生有详细考证。[1]

春，书《道德经》。《秘殿珠林初编》卷十六《元赵孟頫书道德经上下二卷合卷》："宋笺本，小楷书。上卷金丝九十三行，款识云：'皇庆二年岁在癸丑暮春之初，吴兴赵孟頫书。'"

四月四日，书致中峰和尚《佛法帖》。

六月二十五日，书致中峰和尚《亡女帖》。

是年，又书《大元朝列大夫骑都尉弘农伯杨公神道碑铭》。该石现存于河北省曲阳县北岳庙内，姚燧撰文，刘赓篆额。

1314年　元延祐元年　甲寅　六十一岁

《秘殿珠林初编》卷三《元赵孟頫书无量寿经四册》："磁青笺本，泥金书。末册款识云：'皇庆三年夏五月上澣，熏沐敬书，吴兴弟子赵孟頫。'"按：皇庆只有二年，无"皇庆三年"之说，故此《无量寿经》为伪作。

九月，作《送吴真人谒告归为二亲八十寿兼降香名山》（《松雪斋文集》卷

[1]　黄惇主编《中国书法全集·赵孟頫》卷后作品考释，荣宝斋出版社，2002年版，469～470页。

五）为道士吴全节归家送行。按：明朱存理《珊瑚木难》卷三《特进上卿玄教大宗师吴公画像赞》中虞集题云："延祐元年甲寅，公父饶国公、母饶国夫人皆年八十，天子赐上尊对衣，使归为寿。"又据元吴师道《送吴闲闲真人还山寿亲二首》："翠蕤芝盖袭灵芬，名在钧天四海闻。重见盖公隆汉室，由来番国入吴君。三秋胜日双亲寿，一沼清游万里云。肯诧光荣动闾井，祗将忠孝答殷勤。""三秋"即指九月而言。其他尚有元人多首诗文为吴全节送行，如蒲道源、程矩夫、虞集等，亦可为证，此不赘述。

1315年　元延祐二年　乙卯　六十二岁

四月六日，跋贯休《十八罗汉图》。《秘殿珠林初编》卷九《唐僧贯休画十八罗汉图一卷》："……又赵孟頫跋云：'此十六大士佛世比丘出种种形相，譬犹取声安置箧中，其可认为实耶。延祐二年四月六日，赵孟頫谨题。'"

是年，作楷书《续千字文》，纸本。纵24.3厘米，横153.3厘米。现藏北京故宫博物院。正文略，款题"延祐二年夏四月十一日，为书于寓舍。集贤学士资德大夫赵孟頫书"，下钤"赵氏子昂"一朱文印。

1316年　元延祐三年　丙辰　六十三岁

《秘殿珠林初编》卷十六《元赵孟頫书道德经一卷》："磁青笺本，泥金行楷书。款识云：'老子道德五千言，义甚博而深，非圣人不能道，识者爱之。贵和法师以泥金而求予书，不知所重而能然哉。延祐三年六月廿四日，翰林学士承旨荣禄大夫知制诰兼修国史三教弟子吴兴赵孟頫焚香识。'"按：据杨载《行状》，是年七月，赵孟頫才进拜翰林学士承旨、荣禄大夫、知制诰兼修国史之职，而此作于六月二十四日，即书其后封的官职，伪作无疑。

1317年　元延祐四年　丁巳　六十四岁

道士吴全节回乡庆父母八十寿辰，仁宗赐衣，群臣称贺，孟頫为作《古木竹石图》送行……吴全节回乡庆父母八十寿辰，当在延祐元年，见是年条所补。三月八日，刘敏中跋赵孟頫《画马图》。《中庵集》卷十《跋赵子昂画马图》："凡画神为本，形似其末也。本胜而末不足，犹不失为画，苟善其末而遗其本，非画矣，二者必兼得而后可以尽其妙。观子昂之画马，信其为兼得者欤。"原注：延祐丁巳之春三月中旬八日。

三月十日，书《元积庵记》。黄子珍辑《台州金石录》卷十二载："寿云居士黄超然撰，延祐四年岁在丁巳三月十日，翰林学士承旨、荣禄大夫、知制诰兼修国史赵孟頫书并篆题。"《秘殿珠林初编》卷九《元赵孟頫画莲社图一卷》："宋笺本，白描画。款识云：'延祐四年岁在丁巳三月望，集贤学士资德大夫赵孟頫临。'"又《秘殿珠林初编》卷十六《元赵孟頫书道德经一卷》："宋笺本，楷书。款识云：'延祐四年岁在丁巳三月望，集贤学士资德大夫赵孟頫书。'"按：此二作款书官职与现时官职不符，当为伪作。

是年，为龙虎山繁禧观题榜"溪山胜处"。元陈旅《安雅堂集》卷十《龙虎山繁禧观碑铭》："延祐四年始治地为观，中起三清大殿，旁作列真之室，有二楼以遁钟鼓之声，有三门以严中外之节，临溪之门榜曰'溪山胜处'，翰林学士承旨赵文敏公所书也。"

1318年　元延祐五年　戊午　六十五岁

是月（七月），孟頫楷书江西南城《大元追封楚国夫人徐君碑铭》。《竹崦庵金石目录》卷五《大元追封楚国夫人徐君碑铭》载："延祐五年七月，熊朋来撰，赵孟頫正书，贡奎篆额。"此碑拓片现藏北京图书馆。从拓片来看，应是贡奎正书，赵孟頫篆额，《竹崦庵金石目录》记录有误。按：碑主"楚国夫人"即程钜夫之妻。

闰八月十日，书致园中提举《种松帖》。

十一月二十九日，书致进之提举《不蒙惠字帖》。

冬，书致中峰和尚《叨位帖》。

是年，作《隆道冲真崇正真人杜公碑》。详见《松雪斋文集》卷九。又奉勅作《长春宫孙真人真赞》，载《松雪斋文集》卷十。虞集《道园学古录》卷五十《玄门掌教孙真人墓志铭》："（延祐五年），（上）命图其像，属翰林学士承旨赵公孟頫为赞，以玺识之。"

是年，顾善夫集赵孟頫所书刻成《乐善堂帖》于太仓墨妙亭。

1319年　元延祐六年　己未　六十六岁

春，书致中峰和尚《俗尘帖》。

春末，书《留别沈王帖》。

八月二十二日，书致中峰和尚《丹药帖》。

十一月，书致中峰和尚《两书帖》。

是年，为吴全节父书碑。元虞集《道园学古录》卷二十五《河图仙坛之碑》：

"（延祐）六年，饶国公之讣至上京，集贤以闻，勅翰林侍读学士元明善着碑文，翰林学士承旨赵孟頫书字，太子詹事郭贯篆额，给传奔丧。"按：饶国公即道士吴全节之父。

1320年　元延祐七年　庚申　六十七岁

正月二十四日，书《圆觉经》。《秘殿珠林初编》卷六《元赵孟頫书圆觉经一卷》："宋笺本，楷书。款识云：'三宝弟子赵孟頫谨手书。……延祐柒年正月廿四日，三宝弟子翰林学士承旨荣禄大夫知制诰兼修国史吴兴赵孟頫志。"

正月二十七日，又书《圆觉经》。《秘殿珠林初编》卷三《元赵孟頫书圆觉经二册》："素笺本，行书。款云：'三宝弟子赵孟頫谨手书。'又跋云：'大方广圆觉修多罗了义经一部。……延祐柒年正月二十七日，三宝弟子翰林学士承旨荣禄大夫知制诰兼修国史赵孟頫志。'经前有白描佛像。上册计八十三幅，下册计八十九幅。"

二月，行书《长明灯记》并篆额。拓片现藏北京图书馆。

三月十六日，书《圆觉经》。《秘殿珠林初编》卷六《元赵孟頫书圆觉经一卷》："宋笺本，楷书。款识云：'延祐柒年三月十六日，弟子翰林学士承旨荣禄大夫知制诰兼修国史赵孟頫志。'"

四月十二日，书致中峰和尚《入城帖》。

四月廿六日，书致中峰和尚《尘事帖》。

六月二十一日，书致中峰和尚《山止帖》。

七月朔日，书《常清静经》轴。《江村销夏录》卷一《元赵文敏小楷书清净经》："延祐柒年孟秋七月朔日，太上弟子吴兴赵孟頫熏沐拜手书于松雪斋。"

1321年 至治元年 辛酉 六十八岁

五月十一日，书致中峰和尚《先妻帖》。

八月二十九日，袁桷题子昂《逸马图》。袁桷《清容居士集》卷十三《子昂逸马图》："神骏飘飘得自闲，天池飞跃下尘寰。青丝络首谁收得，留与春风十二闲。"其后跋曰："至治元年八月二十九日桷书。"

十一月二日，书致景亮《荣上帖》。

是月，作《元故将仕郎淮安路屯田打捕同提举濮君墓志铭》。详见《松雪斋文集》卷九。

十二月二十六日，赵孟籲跋孟頫楷书《归去来辞卷》。《石渠宝笈初编》卷三十《元赵孟頫书归去来辞一卷》"赵孟籲跋云：'余少年爱弄笔墨，时亦染翰游戏。今两目眵昏，不复能尔。回首畴昔，政堪一笑。至治元年十二月二十六日，子浚题。'"

1322年 至治二年 壬戌 六十九岁

闰五月七日，书致成甫宰公《旬日帖》。

闰五月二十日，书致中峰和尚《疮痍帖》。

六月十六日，孟頫仍观书作字，谈笑如常，至黄昏，逝于吴兴。

八月，杨载为撰《赵文敏公行状》。

九月十日，孟頫与管夫人合葬于德清县千秋乡东衡山。

主要参考书目

一、古代文献

[宋] 姜夔《续书谱》,《历代书法论文选》, 上海书画出版社, 1979 年版

[宋] 何梦桂《潜斋集》, 文渊阁四库全书本

[元] 赵孟頫《松雪斋集》, 海王邨古籍丛刊, 中国书店, 1991 年版

[元] 方回《桐江续集》, 文渊阁四库全书本

[元] 吴澄《吴文正集》, 文渊阁四库全书本

[元] 白珽《湛渊集》, 文渊阁四库全书本

[元] 龚璛《存悔斋稿》, 文渊阁四库全书本

[元] 姚燧《牧庵集》, 文渊阁四库全书本

[元] 程钜夫《雪楼集》, 文渊阁四库全书本

[元] 鲜于枢《困学斋杂录》, 文渊阁四库全书本

[元] 袁桷《清容居士集》, 文渊阁四库全书本

[元] 虞集《道园学古录》, 文渊阁四库全书本

[元] 黄溍《文献集》, 文渊阁四库全书本

[元] 欧阳玄《圭斋文集》, 文渊阁四库全书本

[元] 柳贯《待制文集》, 文渊阁四库全书本

[元] 苏天爵《滋溪文稿》, 文渊阁四库全书本

[元] 张雨《句曲外史集》, 文渊阁四库全书本

[元] 郑元佑《侨吴集》, 文渊阁四库全书本

[元] 郝经《陵川集》, 文渊阁四库全书本

［元］陆友《研北杂志》，文渊阁四库全书本

［元］孔齐《静斋至正直记》，《续修四库全书》第 1166 册，上海古籍出版社，2002 年版

［元］杨谦《昆山郡志》，《宋元方志丛刊》第一册，中华书局，1990 年版

［元］王士点等修《秘书监志》，广仓学窘丛书本

［元］郭天锡《快雪堂集补》，四部丛刊本

［元］张仲寿《畴斋外录》，文渊阁四库全书本

［明］宋濂等《元史》，中华书局，1976 年版

［明］王祎《王忠文公集》，丛书集成初编本

［明］方孝孺《逊志斋集》，文渊阁四库全书本

［明］陶宗仪《书史会要》，上海书店，1984 年版

［明］陶宗仪《南村辍耕录》，中华书局，1959 年版

［明］徐一夔《始丰稿》，文渊阁四库全书本

［明］王世贞《弇州四部稿》，文渊阁四库全书本

［明］汪珂玉《珊瑚网》，文渊阁四库全书本

［明］朱存理《珊瑚木难》，文渊阁四库全书本

［明］赵琦美《赵氏铁网珊瑚》，文渊阁四库全书本

［明］丰坊《书诀》，文渊阁四库全书本

［明］李日华《六研斋笔记》，文渊阁四库全书本

［明］张丑《清河书画舫》，文渊阁四库全书本

［明］张丑《真迹日录》，文渊阁四库全书本

［明］郁逢庆《续书画题跋记》，文渊阁四库全书本

［明］董其昌《画禅室随笔》，文渊阁四库全书本

［明］董斯张《吴兴备志》，文渊阁四库全书本

［清］吴荣光《辛丑销夏记》，《续修四库全书》第 1082 册，上海古籍出版社，2002 年版

［清］吴其贞《书画记》，上海人民美术出版社，1963 年版

［清］王澍《虚舟题跋》，《历代书法论文选续编》，上海书画出版社，1993 版

［清］倪涛《六艺之一录》，文渊阁四库全书本

[清] 卞永誉《式古堂书画汇考》，文渊阁四库全书本

[清] 孔广陶《岳雪楼书画录》，《续修四库全书》第1085册，上海古籍出版社，2002年版

[清] 杨恩寿《眼福编》，台湾文史哲出版社，1974年版

[清] 周星莲《临池管见》，《历代书法论文选》，上海书画出版社，1979年版

[清] 顾复《平生壮观》，上海人民美术出版社，1962年版

[清] 安岐《墨缘汇观》，天津市古籍书店，1993年版

二、当代著作

丛文俊《揭示古典的真实——丛文俊书学学术研究文集》，中州古籍出版社，2003年版

丛文俊《篆隶书基础教程》，上海书画出版社，2005年版

张金梁《明代书法史探微》，时代文艺出版社，2004年版

徐复观《中国艺术精神》，华东师范大学出版社，2001年版

韩儒林《元朝史》，人民出版社，1986年版

周良霄、顾菊英《元史》，上海人民出版社，2003年版

史卫民《元代社会生活史》，中国社会科学出版社，1996年版

么书仪《元代文人心态》，文化艺术出版社，1993年版

张宏生《感情的多元选择》，现代出版社，1990年版

陈得芝《蒙元史研究丛稿》，人民出版社，2005年版

杨震方《碑帖叙录》，上海古籍出版社，1985年版

黄惇《中国书法史·元明卷》，江苏教育出版社，2001年版

陈高华《元代画家史料》，上海人民美术出版社，1980年版

王伯敏《中国绘画通史》，三联书店，2000年版

杜哲森《元代绘画史》，人民美术出版社，2000年版

徐建融《元明清绘画研究十论》，复旦大学出版社，2004年版

陈传席《中国绘画美学史》，人民美术出版社，2000年版

楚默《中国书法全集·鲜于枢张雨卷》，荣宝斋出版社，2000年版

楚默《中国书法集集·元代明家卷》，荣宝斋出版社，2001年版

华人德《历代笔记书论汇编》，江苏教育出版社，1996 年版

启功《启功丛稿》，中华书局，1999 年版

杨仁恺《中国书画》，上海古籍出版社，2001 年版

杨仁恺《国宝沉浮录》，辽海出版社，1999 年版

刘九庵《刘九庵书画鉴定集》，河南美术出版社，1999 年版

《中国古代书画图目》，文物出版社，1996 年版

王敦德《元人传记资料索引》，中华书局，1987 年版

后 记

赵子昂对我来说，是一个梦想，过去是，现在是，将来也是。

书画双绝的才华，琴瑟和鸣的妻子，继承父业的儿子，慧眼识人的上司。夫复何求？

然而我从他的诗中，从他的画中，从他的字中，却从来看不到一丝快乐与自足。满目疮痍。

读"误落尘网中，四度京华春"之句，几乎是呼之欲出的悔不当初。管道昇更加直白地说："人生贵极是王侯，浮利浮名不自由。争得似，一扁舟，弄月吟风归去休。"

"遗民"，这个看起来尴尬的词，有求仁得仁者如方孝孺，有坚不出仕者如傅山，亦有水冷而怯者如钱谦益。隐逸或者出仕，向左走或者向右走，甚至生存或者死亡，这是中国文人们在朝代更替时最难以作出的抉择。

前人们在瞬间做出了自己抉择，有趣的是后人的评说。在元一代，很多人对于赵孟頫的仕元做出批评，除了张雨的那句"盈盈叶上露，似欲向人啼"之外，包括倪瓒、陶宗仪、程钜夫等在内的士大夫，均对于赵孟頫做出了"篆、隶、正、行、颠草俱为当代第一"的评价。

而至明一代，以嘉靖元年（1522年）为划分，则发生了不可思议的转变。在前半期，对于赵孟頫的评价，无论是宋濂的"凡山水、仕女、花竹、翎毛、木石、马牛之属，亦入妙品"，还是解缙的"积学功深，尽掩古人，超入魏晋"，甚至是方孝孺都给出了"奕奕得晋人气度，所乏者格力不展"的好评。然至嘉靖后，风气凌然一变，以董其昌、王世贞为代表，对于赵孟頫的负面评价不绝于耳。当然，这时的负面评价，往往以矛盾对立出现，如董其昌，一边以"右军衣钵""书中龙象"称誉赵孟頫，一边又指摘其"因圆熟而有俗态"，甚至将赵排出"元四家"之外。至万历项穆，则开始脱离"以书论书"，将所有的炮弹集中于赵孟頫的仕元——"骨气乃弱，酷似其人"。

人不正则书不正，这样的风气在明"遗民"中简直成了流行。对赵孟頫之书最刻薄批评的傅山这样写道："予极不喜赵子昂，薄其人，遂恶其书。"戏剧性的是，这段文字，他是用赵子昂体写就的。

处女座的赵孟頫，一生都在纠结。然而若无这种纠结，也许便无赵孟頫。痛苦宣泄成就了诗歌与艺术，基于个人的遭际和民族的患难，那种孤愤与决绝的情绪，将艺术推向顶峰。当剥离掉所有的国仇家恨，抽离出所有的民族大义，还原在我面前的，只是一个为书者的赵孟頫，"上下五百年，纵横一万里，举无此书"。

图书在版编目（CIP）数据

艺术巨匠赵孟頫 / 李舒编著.—北京：故宫出版社，
2017.9

ISBN 978-7-5134-1032-8

Ⅰ．①艺… Ⅱ．①李… Ⅲ．①赵孟頫（1254～
1322）－人物研究 Ⅳ．①K825.72

中国版本图书馆CIP数据核字(2017)第225450号

艺术巨匠赵孟頫

出 版 人：王亚民
编　　著：李　舒
责任编辑：李　源　徐　海
装帧设计：李　猛
出版发行：故宫出版社
　　　　　地址：北京市东城区景山前街4号　邮编：100009
　　　　　电话：010-85007808　010-85007816　传真：010-65129479
　　　　　网址：www.culturefc.cn　邮箱：ggcb@culturefc.cn
印　　刷：北京圣彩虹制版印刷技术有限公司
开　　本：787毫米×1092毫米　1/16
印　　张：13.5
版　　次：2017年9月第1版
　　　　　2017年9月第1次印刷
印　　数：1~3,000册
书　　号：ISBN 978-7-5134-1032-8
定　　价：96.00元